ウォールストリート流

自分を最大限「運用」する方法

How to Be Your Best Self

高橋ダン

［執筆協力］宇治川裕

朝日新聞出版

プロローグ　自分に〝投資〟し、人生を切り拓く

僕のことをYouTubeで知ってくれている方もいらっしゃると思いますが、最初に自己紹介をさせてください。

僕の名前は高橋ダンです。父はアメリカ人、母は日本人、東京の豊島区で生まれました。10歳までの多くの時期を日本で過ごしましたが、家族の都合でアメリカに渡り、それからはほぼアメリカで育ちました。

僕が12歳のお正月、祖父母から10年分のお年玉をまとめてもらいました。そのとき、父が投資の概念を教えてくれたのです。

もらったお金をそのまま使えば、それで終わり。**でも、そのお金を「投資」し、正しい戦略をもって「運用」すれば、その価値はどこまでも大きくできる、と。**

なぜ、12歳の少年に父は投資を教えたのか。それは、父の祖父つまり僕の曾祖父が、

父の誕生祝いとして、国債を買ってくれていたからだそうです。それはささやかな額だったのですが、父は祖父の気持ちがうれしく、「投資」という選択肢を僕にも教えたかったようです。

高校生になった僕は、周りの男の子たちと同じように、〝たくさんのお金を稼ぐ〟ということに興味を抱き、将来はミリオネア（億万長者）になりたいと考えるようになりました。負けず嫌いな性格の僕は、弁護士や医師などを目指す友人たちに負けない、たくさんのお金を稼ぐ方法を父親にたずねたとき、「ウォール街」という言葉を教えられたのです。

ウォール街でトップの金融機関に入る。その目標を持ってから、僕の人生に、〝戦略を練る〟という行動が加わります。当時はまだ気づいていなかったのですが、僕のこれまでの人生における戦略には、12歳のときに父に教わった投資の考え方が生きていたのです。

僕の最初の本格的な投資先は、お金ではなく、自分。つまり、自己投資でした。

「ウォール街で働く」という夢を実現するための情報を集めた僕は、アイビーリーグの名門校への入学を目標にしました。高校での成績は平均レベルだったので、ゴールから逆算した学習計画を立て、少しずつ成績を上げていきました。そして、各大学の入試制度を調べ上げ、合格する確率が最も高い申込制度を選び、小論文対策にも時間と労力を注ぎました。その結果、秀才でも特別裕福な家庭に生まれたわけでもない僕が、アメリカの最難関大学の一つであるコーネル大学に入学することができたのです。

大学でも学業の成績をトップレベルで維持。トレーディングクラブを設立して投資手法を学び、OBとのコネクションをつくり、有名金融機関のサマープログラムに参加するなどして、ウォール街の現場と自分との距離を近づけるための行動に時間を「投資」し続けました。

そして大学卒業後、念願かなって働き始めたウォール街では、完全成果報酬という厳しい環境で数多くの失敗もしましたが、それらをすぐに忘れ去るべきものではなく、自分のキャリアや未来に必要な「投資」ととらえ、失敗や経験から学ぶことでそれ以上の成功と経験を勝ち取ることができました。

その後、26歳でヘッジファンド会社を立ち上げ、30歳のときに会社の持ち株を売却し、ニューヨークを離れ、新たな投資のためにシンガポールに移住。アジアをはじめ世界60カ国を旅し、2019年秋に母国である日本に帰ってきました。
ここまで自分の人生を振り返ってみても、やはり広い意味での「投資」と「運用」に導かれてきたと思います。もし、そのときの自分の成績や実力をそのまま諦めて受け入れ、自分への「投資」を怠り、より価値を高めるための「運用」をしなければ、まったく別の人生を歩んでいたはずです。

本書は、僕が自分を最大限「運用」するために必要不可欠だと身をもって感じた「思考法・メンタル・コミュニケーション・時間術・英語・体調管理」という自己投資のテーマについてまとめた、一味違った啓発の書です。

もちろん、金融への投資と自分への投資は、細かな部分では違うところも多くありますが、本質的な部分では非常に似ているというのが、金融の世界で生き残ってきた投資家・実業家としての僕の結論です。
毎日上がり続ける投資商品がないように、僕たちの人生の「株価」も良いときもあれば悪いときもある。そして、時に信じられないような大暴落を経験したりすることがあります。ただ、避けられるリスクはヘッジしながら、自分の価値を高めるための思考や行動に時間や労力を投資していけば、のちに振り返ったときに長期的には右肩上がりの人生を歩むことができるのではないでしょうか。

僕は、何かに取り組むときに、まず成功者の本や記事を読んだり、できるなら直接お会いしてお話を伺ったりして、ヒントやイメージをいただきます。本書にも僕が先輩や上司、メンターの方々から教わり、今も大事にしているエピソードをたくさん盛り込みました。

僕自身まだ若く、成長途上にいるので、このようなテーマで本を上梓するのはおこがましいのですが、これまでの自分の時間とお金、労力を自己投資して得られた経験や気づきが、読者のみなさんの自己投資の助けに少しでもなれれば、とてもうれしいです。

高橋ダン

ウォールストリート流　自分を最大限「運用」する方法　目次

Chapter

0

「逆張りの戦略」が僕の人生を切り拓いた

Introduction

Chapter

1

Self-investment

「自分」こそが唯一無二の〝投資商品〟である

Chapter

2

Mind

自分を〝上場〟させるための「マインド」

Chapter

3

市場で生き残り続けるための「キャリア戦略」

Survival Strategy

Chapter

4

ライバルに勝ち抜くための「統計学的思考」

Statistical Thinking

Chapter

5

Communication

「人間関係」の〝複利効果〟を最大化する

Chapter

6

「英語」で新たな市場を切り拓け

English

Chapter

7

最高のパフォーマンスを生む「時間術」

Time Management

Chapter

8

Health Management

「健康」こそ最も重要な〝投資対象〟である

執筆協力　宇治川 裕
ブックデザイン　小口翔平＋阿部早紀子＋三沢稜（tobufune）
校閲　くすのき舎
図版制作　朝日新聞メディアプロダクション
帯写真　東川哲也（本社写真部）

Chapter

0

「逆張りの戦略」が僕の人生を切り拓いた

Introduction

勉強嫌いな僕を本気にさせた出来事

どうしたらミリオネアになれるのか？　そのための最短ルートをたどるには、どのような自己投資をすればいいのか？　僕は高校生の頃から、これを徹底的に考えてきました。

なぜ、僕が逆張りの戦略を取ってきたのか、そして、それをなぜみなさんにお伝えしたいのかをご理解いただくために、もう少し詳しく、これまでの僕の人生についてお話しさせてください。

ウォール街には「目標を達成するために必要なことは何かを、市場に聞きなさい」といった意味の「市場の感触を知る（Gut feeling for the market.）」という格言がありますが、僕は人生についてもさまざまな人にアドバイスを求めてきました。

そうして、高校時代の僕が至った結論は、まずクリアすべき目標が、アイビーリーグの大学に入るということだったのです。

アイビーリーグとはアメリカにある由緒ある私立大学の総称で、アメリカの政財界、法曹界、学界に多数のエリートを輩出している名門校のこと。僕が入ったコーネル大学のほか、ハーバード大学、コロンビア大学、イエール大学、プリンストン大学、ペンシルベニア大学、ブラウン大学、ダートマス大学の8校で、全米トップクラスの難関校です。日本のみなさんも名前をご存知の大学が多いと思います。

ただ、実を言えばそもそも僕はそれほど勉強が好きではありませんでした。僕の学業の成績は平均レベル。高校時代はA~Fの6段階でランク付けされる学校成績で平均的にB。アメリカの高校の多くは4年制ですが、僕は2年生まではサッカーなどスポーツに夢中で、放課後は友達とモールに行って遊ぶ普通の高校生でした。

そして、今となっては笑い話ですが、時には小さなトラブルを起こして親を心配させるような問題児だったのです。

学校には生徒がさまざまなことを自由に相談できるカウンセラーが数人いるのですが、僕も高校2年生のときに進路について相談にいきました。しかし、アイビーリーグに入りたいと言うと、「あなたの成績では絶対に無理」と笑われたのです。指導教官もまったく同じで、あきれたような反応でした。これが僕のやる気に火を付けたのです。

「負けるのが嫌い」は僕の口癖ですから。

運命は自分で決めたい。「まだ10代の僕の人生を、この人たちに決めつけられてたまるか！」と腹が立ったのです。もちろん、その怒りは、それまで勉強を軽んじてきた自分自身にも向けられていました。

受験勉強も「逆張り戦略」で

僕たちの高校ではクラスは成績ごとに三つに分かれていました。僕はそのときに中級のクラスにいましたが、発奮して猛勉強をして、3年生の後半にはすぐに上級クラスへ。それも、とにかく計画的に行いました。

まず、テストで良い点をとるために学習すべきことを細かく洗い出し、時間割表（手帳でいうとバーチカル形式）に割り振って、毎日することを決めていました。このように、計画的に一つひとつ確実にこなしていくのです。

さらにもう一つ、自分の強みを増やす努力を重ねていきました。どうすれば夢を実現できるのか、目標達成への最短の道を見つけるべく、自分で集められる限りの情報を集めたのです。秀才でもなければ、勉強を始めるスタートも遅れていた僕は、他の人たちと同じやり方ではダメだと自覚していました。**他の人がしないこと、つまり「逆張り」を意識して、計画を立てようと考えたのです。**

アメリカの大学に合格するためには、高校での成績と共通試験、これに加えて総合的にどのような活躍をしたかが審査の対象になります。ところが、もう一つ、重要な点があるのです。それが、入学願書の早期申込制度（early application：アーリー・アプリケーション）です。

制度にはいくつかのプログラムがありますが、簡単に言うと、もし複数の大学に合格しても、その大学を優先して入学します、という申請です。そう表明することにより、合格する確率が上がるのです。

そこで、僕はアイビーリーグ8校すべての状況を調べ、コーネル大学はこの制度を使うことにより他校より合格率が少し高くなっていることに気づきました。結果、僕はコーネル大学だけに絞って、受験をすることにします。コーネル大学の早期申込制度を利用する場合、他の大学には数カ月間出願できません。これは、かなりのリスクですが、目標を達成するために、僕はそのリスクを選びました。

それに、アイビーリーグの中でも大学にランクがありますが、たとえばランクの高いハーバードに合格したとしても、学校内での成績は上位を狙えないと予想しました。**そうであれば、自分が大学に入ってからも上位を狙えるところを選んだほうが、その先の人生にもいい影響があると考えたのです。**

多くの人は、今の成績で狙える一番いい大学を選ぶでしょう。しかし、僕はここでも逆張りを狙うことにしました。

冷静に〝立ち位置〟を知ることから

さて、コーネル大学の早期申込制度を利用するには、一般の入試に加えて5〜10テーマの小論文を書かなければ合格が認められないという条件がありました。一見、大変そうに思えますが、逆を言えば5〜10テーマの小論文を仕上げれば、普通に受験する他の優秀な人たちとの真っ向からの受験戦争を避けて、合格を勝ち取ることもあり得る。

もちろん、通常の方法で出願しても、死ぬ気で勉強すれば合格できたかもしれません。しかし、そんな「かも」よりも僕は確率を少しでも上げたかったのです。

そして意を決した僕は、高校の先生に相談に行きました。合格の条件である論文を書き上げるためなら、どんな試練にも耐えますから！　と、アドバイスをお願いしたのです。以前は「受かるわけないでしょ」と言っていた先生も、僕の本気を受け止めて、全面的に協力をしてくれました。そして、僕は論文を書き上げ、コーネル大学に合格したのです。

振り返ってみれば、僕は初めから逆張りの戦略で受験をした、というか、そうせざるを得なかった、というのが本当のところだったと言えるでしょう。

僕の通っていたような進学校では、いい大学を目指す生徒は、小中学校の頃から家族ぐるみで準備を始める人が多いのです。高校ではもちろん1年生の時から優等生。加えて、課外活動では、生徒会や数学、科学クラブ、弁論部や音楽、運動。それも、リーダーになったり、全米レベルで華々しく活躍したり……。でも、僕は見事に何一つなかったのです。あえて言えば、サッカーだけ。それも1、2年生は2軍でした。だから、人と違う道を行くほかなかったのです。

一方、大学側はいろいろなタイプの学生が欲しいし、やる気があって伸びしろのある人が欲しいと考えています。優等生ばかりの中で、僕のような生徒は目立ったと思うし、「何なんだ、こいつは?」と興味を持ってもらえたのではないかと思います。

つまり、他人の土俵で相撲を取らなかった、ということです。

こうして、僕の逆張りは成功し、目標への第一歩を歩み始めることができたのです。

〝勝っている人〟を観察・研究する

みなさんもよく知る、ゴールドマン・サックスやモルガン・スタンレー、シティグループなどウォール街の投資銀行では、当時、東海岸のアイビーリーグを優先してリクルーティングをしていました。

その一環として夏の3カ月ほど「サマーアナリストプログラム」というものがありますが、さらにその前段階として、投資銀行のトップの方々が大学に来て大きなセミナーを開きます。

このセミナーに参加を希望する学生は、インタビュー（面接）を受けて合格する必要があります。これを突破してセミナーに参加できた学生の中から、さらに優秀な人を絞り込む面接があり、これに合格するとようやくニューヨークに呼ばれて、プログラムに参加できるのです。

僕が所属していたコーネル大学人文学部応用経済経営学科の学生の多くは、ダントツで高収入が得られるウォール街の金融機関を志望していたと思います。

しかし、そこにたどり着くための登竜門ともいえるサマーアナリストプログラムに参加するにも、いくつもの競争に勝つ必要がありました。

僕はビジネスで勝っている人、成功している人を研究することを習慣にしてきました。**そういう人たちの観察をしたり、ビリオネアになった人の本を読んだり、成功した人に〝弟子入り〟してノウハウを学ぶというのは僕の人生戦略の一つです。**

僕が在学中に、コーネル大学にトレーディングを研究するクラスができました。どんなデータを用いて、どう注文するのか、実際のトレードのようにパソコンの前で練習するのです。

トレードがうまい人を見ていると、ある法則性が見えてきました。それは、決して自分の感覚に流されることなく、一定のルールでトレードする、という法則です。多くの人は値段が下がると予想されるときには売って、値段が上がると予想されるときに買う。「こうなるだろう」という予測をもとに、つまり、感覚で売買をしていたのです。

ところが、彼は違いました。値段が下がっているときに大量に買って、上がっているときに大量に売る。つまり、感覚ではなく客観的なルールにしたがって動き、さらに、皆とは逆のことをする。彼も、僕がそれまでの人生の選択でしてきたのと同じように、逆張りの戦略を採っている。それに気づいた僕は、早速まねをすることにしました。すると僕もクラスのランキング上位に入ることができたのです。

ウォール街への道筋をつくるため、僕は学生の立場でも着々とできることを探しては実行に移していました。**競争で有利な位置につけるためには、ライバルたちと同じスタートラインから同時にスタートするのではいけないのです。**

コーネル大学にはジョンソンＭＢＡという有名なビジネススクールがあります。このビジネススクールは大学卒業前でも参加することができたので、僕は大学3、4年生の時にいくつかのクラスを取りました。

たとえば、あるクラスでは、ゴールドマン・サックスの関係者がデリバティブ（金融派生商品）を教えていました。デリバティブは当時、ウォール街で大きな利益を生んでいた分野だったので、とても人気があったのです。

こうして、学生時代の僕は、少しでも実際のウォール街の現場に近づくことに、時間を投資していました。

いかに自分に興味を持ってもらうか

さらに、僕は大学でクラブを立ち上げました。その名も「ウォールストリートクラブ」。活動内容は、ウォール街のことを勉強したり、ウォール街に見学をしに行ったり。採用試験のインタビュー（面接）の練習もよくやっていました。

言うまでもなく、クラブ創設の理由は、ウォール街の金融機関に入社するためです。優秀な学生たちに混じって勝ち抜いていくためには、企業側が「この学生は何か違うぞ？」と興味を持つネタを用意しておくことが有利に働きます。僕はクラブをつくることで、自分の強みをさらに強化しようと考えたのです。

ライバルとなる優秀な学生たちは、単に成績が良いだけではないのです。親が大企業の社長や政治家だという人も少なくありませんでした。さらに、クラスには全州や全国のトップクラスのスポーツ選手や受賞歴のあるミュージシャンも普通にいました。こうした華々しい経歴を持っていなくてもコネクションさえあれば、なんとかなることもあります。

でも、僕は何一つ持っていない。そんな学生たちがウォール街の金融機関への採用を虎視眈々と狙っているわけです。激しい競争が生じる難関であることは簡単に想像できました。僕のように、自分の身一つで闘おうとする学生にとっては、「マグナ・クム・ラウデ（Magna Cum Laude）」を獲得しても足りないだろうと思いました。

マグナ・クム・ラウデとは、主にアメリカの大学で成績優等者に与えられる称号の一つで、上位10％に入った人に贈られます。ほかに上位5％の「スンマ・クム・ラウデ（Summa Cum Laude）」、上位15％に贈られる「クム・ラウデ（Cum Laude）」があり、3種類をあわせて「ラテン・オナーズ（Latin Honors）」と言います。

僕は、最終的に、マグナ・クム・ラウデで卒業しました。

しかし、競争相手には、そんな人はたくさんいる。一方で、履歴書に、ウォールストリートクラブの創設者と書けば、他の誰とも違う特徴をアピールできます。この計画は実際に大成功をおさめました。企業の面接で「ウォールストリートクラブとは何をするクラブなのか？」と何人もの人から質問され、興味を持ってもらえたのです。

人間関係を楽しめば、いいコネクションができる

さらに僕がとった戦略は、「フラタニティ（Fraternity）」に入ることでした。繰り返しになりますが、僕はウォール街にコネクションを持っていません。そこで、自分でコネクションをつくろうと思いたったのです。

フラタニティとは、アメリカの大学や大学院の多くに併設されている寮のようなもので、学生たちが大きな家で共同生活をします。そこの出身者は卒業後もずっとつながりが続く、数百年の伝統を持つボーイズクラブのような存在です。

僕がいたフラタニティは80部屋ぐらいあって、互いに“Brother”と呼び合って交流を深めていました。一緒に勉強もすれば、パーティも開催する。大きなジムもあります。

ここで月曜日から金曜日までは一所懸命勉強をして、金曜夜から日曜日は遊ぶというめりはりのある生活を送っていたのです。

フラタニティに入るには、たとえばこんなユニークな「テスト」があります。まず、すでに住人となっている人たちから、真夜中に電話で「外に出ろ」と呼び出されます。外に出ると急に頭から袋をかぶせられ、腕を抑えられて車に乗せられます。そうして車で運ばれた先が、畑のど真ん中。そこに置き去りにされるのです。そこから自分一人で帰ってこられるかどうかというテストなのです。

日本では、こういうイベントを「洗礼」といって、現在の風潮からすると問題視されることもありそうですが、僕がいた当時、ウォール街にはフラタニティ出身の人が多くいて、そのOBたちとつながりを持てるという、最初の〝扉〟ともいえるものでした。これは〝兄弟〟としての強いつながりをつくる第一歩。ウォール街に就職するときも、してからも、このつながりが必ず僕を助けてくれると考えました。

また、フラタニティでは、僕はトイレ掃除から昇格して、「リスクマネージメント係」も経験しました。いかにも金融界ウケしそうな名前です。何をする係なのかというと、実はパーティなどで大騒ぎになったとき、事態を収拾するのが主な仕事でした。

時には「リスを追い出す」という特別任務もありました。クリスマス休暇で帰省する前に、誰かが窓を閉め忘れてリスの家族が入ってしまい、それを追いかけ回して退出願うのです。

フラタニティにいると、生活のすべてがそこで完結するので、時間管理がしやすくなります。ウォール街で働く夢に向かって忙しく準備している僕にとっては、日常生活を管理しやすいこの場所に住むことが最良の選択でした。

また、僕は前述のように、英語だけでなく日本語も少しは話すことができました。アメリカ育ちでも日本語を忘れなかったのは、土曜日の日本語補習校に通い、家では母がずっと日本語を使ってくれていたからです。これを、自分の強みの一つだと考えて、ウォール街の金融機関の採用試験の際には、アジア部門に志望を出すことで、他の志望者との違いを強調しました。

自分が持っている他の人との違いを出せそうな特性は小さなことでも把握しておいて、さまざまな場面で出し惜しみせずに有効に使っていきます。

今、僕が日本に来た理由の一つも、そこにあります。こういうときは、謙遜や遠慮はしないぐらいでいいと思います。

長くなりましたが、このように僕は、人とは違う僕に合った「勝つための戦略」を練って、それを実行し続け、努力の甲斐あって、最終的にコーネル大学を先ほど紹介したマグナ・クム・ラウデとして卒業することができました。

授業の選択も、もちろん戦略を練りました。ずば抜けて頭が良かったというわけではないからこそ、良い成績を取るために、得意な科目や単位を取りやすい科目を集中して選んできたのです。

内容が著しく難しい授業や良い成績を取りづらいものは最初から除外していました。というのは、ウォール街はすべての平均点をAにしなければ、入ることができないからです。

目標が定まっていて、自分の能力や特徴をしっかり把握しておけば、その過程で何をするべきか、つまり自分をどう投資すべきかは見えてきます。

本書で、みなさんに知ってほしいのは、このことです。僕のように、特別なコネクションや、他の追随を許さないずば抜けた頭脳を持っていなくても、自分の強みをじょうずに生かして、自分のフィールド（土俵）で戦う方法を身につけてもらえたらうれしいのです。

ウォール街のトップ、モルガン・スタンレーへ

ウォール街トップの人気を誇る金融機関といえば、ゴールドマン・サックスとモルガン・スタンレー。僕が就職したのは、投資銀行のモルガン・スタンレーです。

当初はセールス部門への配属を希望しました。毎日パリッとしたスーツを着て、一流ホテルのラウンジでお客様と会話をしたり、ゴルフをしながらセールスしたりできたらさぞ楽しいだろうと想像していたのです。

しかし、現実は全く違っていました。顧客は保険会社やヘッジファンド、年金ファンドなどの機関投資家で、僕が担当していたのはアジア株。普段では会えないヘッジファンドのトップと直接会うことができるのはすばらしい体験でしたが、最初の数週間で僕にはセールスは向いてないと気づかされました。なぜならば、僕は常にストレートに話をしてしまうので、相手が気分を害することも少なくなかったからです。

このように、僕の船出は必ずしも順風満帆ではありませんでしたが、着実に目標へ向かって歩んでいる実感はありました。しかし、そう感じた1年目に世界経済を襲ったのが、リーマン・ショックです。

僕が入社して2カ月間の集中トレーニングを受け終わる2007年には、既にマーケットは緊張状態にありました。僕の自宅から職場に向かう途中にベアー・スターンズとリーマン・ブラザーズの社屋があったのですが、どちらにもマスコミが多く張り込み、仕事を失った元従業員たちが私物を入れた箱をもってオフィスから出てきていました。僕の友だちにもリストラに遭った人がいました。

僕はこのとき初めて、会社や政府に頼ることのリスクを痛感しました。そして、自分でお金を稼ぐために投資家になろうと心に決めたのです。そして**「攻めの自己投資」**こそが、夢をかなえる道だと確信することになりました。

僕は、リーマン・ショックの年にモルガン・スタンレーを辞めて、ヘッジファンドに入ります。ちなみに、この年にモルガン・スタンレーを辞める選択をした人は、たったの5～10%だったとか。やはり、僕は逆張りの戦略を採ったのです。

そのヘッジファンドとは、僕が転職先を考えているときに、ある専門誌の記事を見て惹かれたところでした。その雑誌に載っていたトップトレーダーランキングに同じファンドに所属する人が3人も入っていたのです。どうしてもそこに入りたくなった僕は、何度も面接をしてほしいと頼み、入社。そして、トレーディング部門で一番稼いでいる人にメンターになってもらいました。

そこで3、4年仕事をして、26歳のとき、僕はそのメンターと共に新しいヘッジファンドを立ち上げ、さらに数年後、保有していたそのファンドの持ち株を売却することになります。

日本にも「自己投資」が必要だ

僕はそれから10年弱仕事をしたニューヨークを出て、経済成長がめざましかった東南アジアへ、新たな投資の機会を探しに向かいました。ビジネスと見聞を広めるための旅をかねて、ここからの数年間で巡った国は40カ国以上。生まれたときからの経験で数えると約60カ国にのぼります。

僕にとって、これは今までの人生の中で一番の自己投資だと言えます。

海外では、僕の故郷である日本やアメリカについてたくさんの人たちと話し合う機会に恵まれました。そして僕が知らなかった、知るべきことの多さを実感したのです。

たとえば、実質賃金の成長率は約25年間0％近い状況が続いていていること。

人口減少率は高く、株式指数や土地の平均価格が1990年のピークまで回復していないのは先進国では、日本だけだということ。

政府による国債の借金は、国のGDP割合と比べると、世界195カ国で第1位だということ――。

客観的にデータだけを見ると、あえて強い言葉を使えば、日本は瀕死状態です。しかし、ここに住んで働いている人たちの危機意識は決して高いとは言えないように見えます。「守りの自己投資」にばかり目がいきがちではないでしょうか。それは、ほんの少し、あなたのお給料を上げてくれるかもしれません。でも、これからの日本で生きていくためには、もっと大きな視点を持つことが大事なのです。

経済全体が縮小しているのに、このまま守りの自己投資を続けているだけでは、ジリ貧になっていくだけ。そのことに、そろそろ気づいてほしい。だから、僕はこの本を出版することにしました。日本のみなさんに、本書を読んで、「守りの自己投資」から「攻めの自己投資」へと思考を変えてほしいのです。

リーマン・ショック後、そのまま大手投資銀行に残るという「守りの自己投資」をし続けることなく、僕が選んだのは、年収が1000万円以上から実質0円になる覚悟で投資家になるという自己投資でした。この〃攻め〃に転じる選択によって、今、僕はまた新しい目標に向かって攻めの自己投資をすることができています。

もちろん失敗も多々ありました。でも、自己主体の「攻めの自己投資」と考えれば、さまざまな経験を自分の責任として受け入れることができます。失望はしても、やがてそれを糧として前に進もうという活力が湧いてくるのです。

本当に自分が成し遂げたい目標を持てること、それに向かって戦略を練ることは、飽きることがなく、やりがいのある人生の大前提です。達成した先には、また新しい目標が見えてきます。そこまでは知らなかった、新しい人生の醍醐味が見えてくるのです。

それを知ってみたいと思いませんか。

僕がアメリカ国籍を手放して日本に来た理由の一つは、自分のルーツである日本がこのまま縮小してしまうのをなんとか食い止めたいという大それた考えからです。そして、ここ日本が、僕の強みを使った逆張りの戦略を生かせる場所だと思うからです。ウォール街でそれなりの成功をおさめ、そこを飛び出した先の人生でしか知り得なかった、新しい人生が日本にあるはず。

活力を失いつつある日本で、昔の栄光を取り戻そうとするのではなく、これからの時代に合った新しい活気を生み出していく。そのために、この日本に生きる一人ひとりが、自分がもっともやりやすい戦略で成功への近道を見つけ、目標に確実に到達する。そして毎日に充実感を持つ。それが、今日から僕たちがやるべきことなのです。そのためのノウハウを、本書では惜しみなく、ご紹介しています。

それでは、さっそく、僕の「攻めの自己投資」についてお話ししていきましょう。

Chapter

1

「自分」こそが唯一無二の〝投資商品〟である

Self-investment

残された時間はそう多くはない

日本の経済は、ここ30年ぐらいずっと縮小し続けています。人口も速く減少していて、一方で65歳以上の高齢者が人口の半分以上を占める日もそう遠くはありません。人口の減少は生産人口の減少を招き、国の生産力を大きく下げる原因になります。

経済が縮小し続ける日本において「守りの自己投資」を続けていたら、自分自身もじわじわと小さくまとまってしまいそうです。今、僕たちにとって必要なのは「攻めの自己投資」なのです。僕たちが現在置かれている現実も含めて、その理由を簡単に説明していきましょう。

最初に、僕の専門分野であるお金の投資の話からはじめます。

図表1を見てください。２０２０年に日本銀行が調査した家計の金融資産構成比です（２０２０年8月21日、日本銀行調査統計局「資金循環の日米欧比較」より）。これを見ると、日本では、「現金・預金」が54・２％、「保険・年金・定型保証」が28・４％です。「保険・

図表1 **家計の金融資産構成**

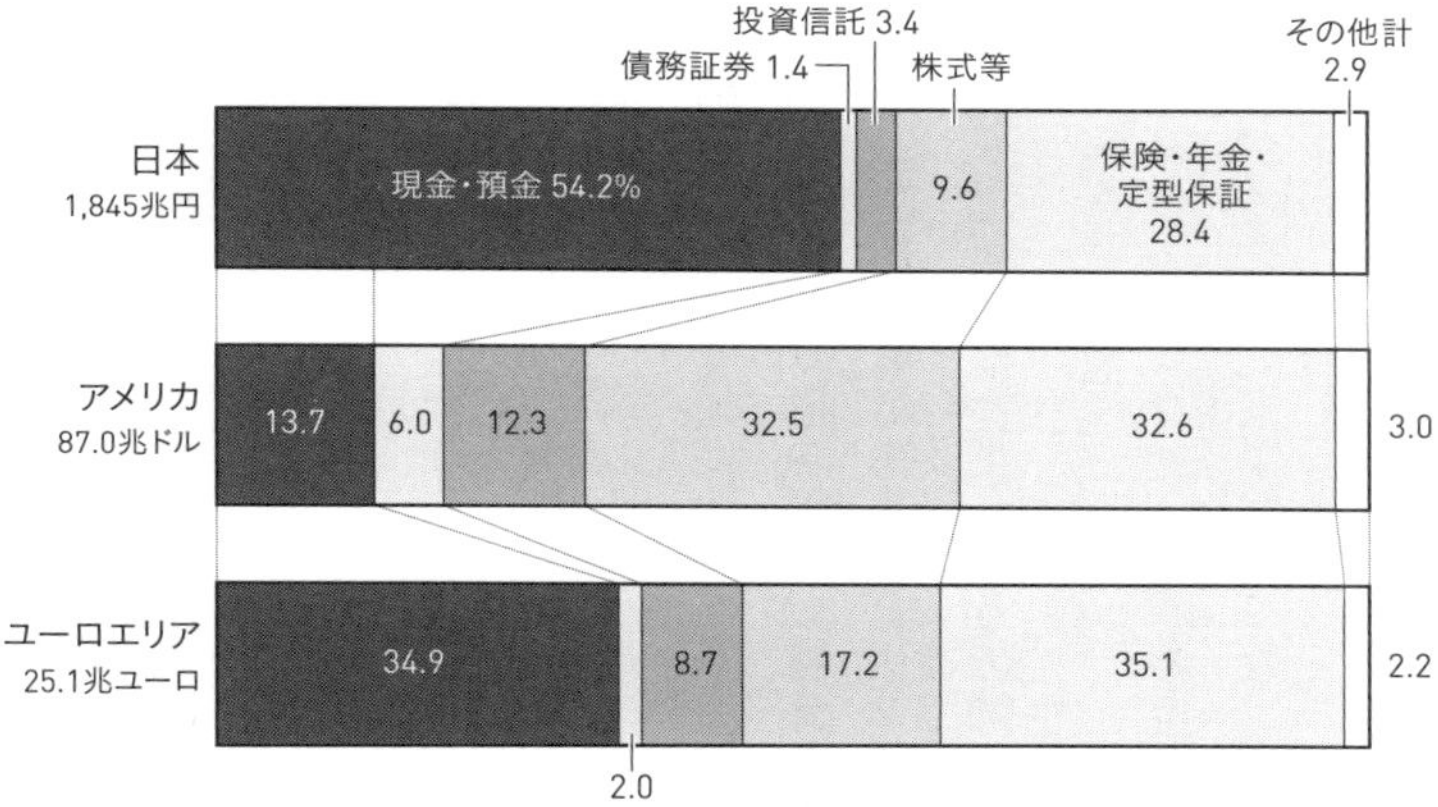

金融資産合計に占める割合(%)。「その他計」は、金融資産合計から、「現金・預金」「債務証券」「投資信託」「株式等」「保険・年金・定型保証」を控除した残差。四捨五入しているため合計が100にはならない。
2020年8月21日発表「日本銀行調査統計局『資金循環の日米欧比較』」掲載の「図表2 家計の金融資産構成」を参考に作成。

年金・定型保証」は、金融機関に仲介される所得・富の将来的な再分配にあたり、保険契約者や年金受給権者、ローンを借りている人の資産と考えます。

つまり、日本人は、金融資産のほとんどを現金・預金か保険で保有しているということです。

僕が調べる限り、この比率は、40年以上ほとんど変わっていません。さすがに1980年代のバブル経済真っただ中のときには、現預金の比率が少し下がりましたが、それでも日本人は、財産の約5割を現預金で保有していたのです。

同じ調査に、アメリカやユーロエリアの資産の保有比率が載っています。これらの国々と比べてみると、日本人がいかに現預金を好んでいるかがわかります。データのみからの解釈にはなりますが、昔から日本人は堅実で、株式に資産を預けるというのは危険だと考える人が多いように思えます。

しかし、僕の経験から言うと、自分の金融資産を自国通貨のみで保有することは、投資の観点から見れば、むしろ危険だという印象を抱きます。というのは、冒頭でお話ししたように、日本の経済と財政に明るい展望を持つのは難しい状況で、成長し続けている他のアジア諸国に比べて、良い材料を見つけるのは簡単ではないからです。

現金、つまり日本円で、自分の大切なお金の大部分を持っているということは、低成長で人口減少率が先進国でトップの、借金を多く抱えた国に積極的に投資をしているのと同じことになってしまうのです。

それなのに、なぜ、日本の多くの人たちは「現金で持つこと」を続けているのでしょうか。この疑問は僕だけでなく、海外の人たちが同じように感じていると思います。

投資とは「資源」から「価値」を生み出すこと

ここで、投資について簡単に説明します。

投資とは、「誰かが、誰かに何かを預けて、ある一定期間の後に、お返しに何かをもらう」ことをいいます。

投資といっても、実にさまざまです。株式投資のようにお金の投資もあれば、時間の投資もあります。商品の投資もあるし、中には人間関係への投資もあるのではないでしょうか。

そして、どんな投資も次の三つの要素によって成り立っていると僕は考えています。

第一に、投資をする「資源」。先ほどお話ししたように、これはお金に限りません。商品や時間も入りますし、労働力もあるでしょう。

第二に、投資によって得られる「価値」。別の言葉でいうとリターンです。これには、お金のほか、商品や時間も含まれます。場合によっては労働時間もあるでしょう。そして、新たに投資をするための「資源」も入ります。

第三に、価値が生まれるまでの「時間」。言い換えれば、投資期間です。どんな投資にも必ず、期限があります。投資対象が複数ある場合には、どの投資が一番リターンがよいか判断します。その判断の基準となる指標の一つが利回りです。利回りは得られる価値を時間で割ることによって、表されます。

お金を投じる投資に限らず自己投資でも、自分の置かれている状況と照らし合わせて、この三つの要素については慎重に調べて、常に考えておくことが重要です。

日本人にかぎって投資が苦手だとは思えない

冒頭に紹介した、日本人は預貯金の割合が多いということから考えると、日本人は投資が得意でない、なじみがない、という意見が多いかもしれません。

しかし、僕が日本に来て、さまざまなメディアを見たり、周りの人たちから聞いたりしたことから想像すると、「日本人は投資が苦手」「日本人は投資が嫌い」「日本人はリスクを恐れる」というふうにメディアに言われすぎて、そんな気持ちになってしまっているのかもしれないと思えるのです。日本人は投資が苦手という話を聞くたびに、僕はその情報は本当なのだろうかと疑問に思います。

ただ、これまでの日本では、一度就職をしたら定年退職をするまで、一つの会社に居続けることが一般的でした。そういう社会で、そういう生き方をするのであれば、日本円でお金を持っていることが投資効率的によかったのでしょう。

その、昔からの日本全体が蓄積してきた経験に基づいて、今もなお特に疑問を感じることなく預貯金で持ち続けている人が多いのだと想像できます。

人は長く続いた当たり前の習慣を変えるのは、簡単ではありません。そうこうしているうちに、日本人の投資先である日本という国の経済が大きく落ち込んで、預貯金だけに頼るのはリスクが高くなってしまった、といった状態なのではないでしょうか。

つまり、これまでの日本では、日本人は合理的な投資をしてきたと僕は考えています。問題は、これまでは日本への投資は成功だったかもしれないけれど、すでに、かつての日本とは状況が変わってきていて、これからはその投資が失敗してしまうかもしれない、ということです。

経済成長率が5%の時代と1%未満の今

ほんの50~60年前は、日本という国は本当にすばらしい投資先でした。だからこそ、日本人は今まで効率の良い投資をしてきたと言えるのです。

それは、経済成長率を見ればわかります。日本の経済成長率は、60年代には10%台、オイルショックで経済成長が鈍化した70年代でも5%台で推移していました（図表2参照）。

一般的に経済成長率が上がると、景気が強くなります。一方で、経済成長率が下がると、景気は弱くなります。ちなみに、経済成長率として用いられている指標が、実質GDP成長率です。

経済成長率は金利の変動にも大きな影響を与えています。一般的に経済成長率が上がるときには、投資を行うことで得られる期待やリターンも上昇します。当然ながら、投資の需要も上昇します。投資の需要が上昇すれば、財（モノ）や貨幣（カネ）市場の均衡をもたらす実質金利は上がっていく、と考えられるからです。

図表 2 日本の実質GDP成長率の推移

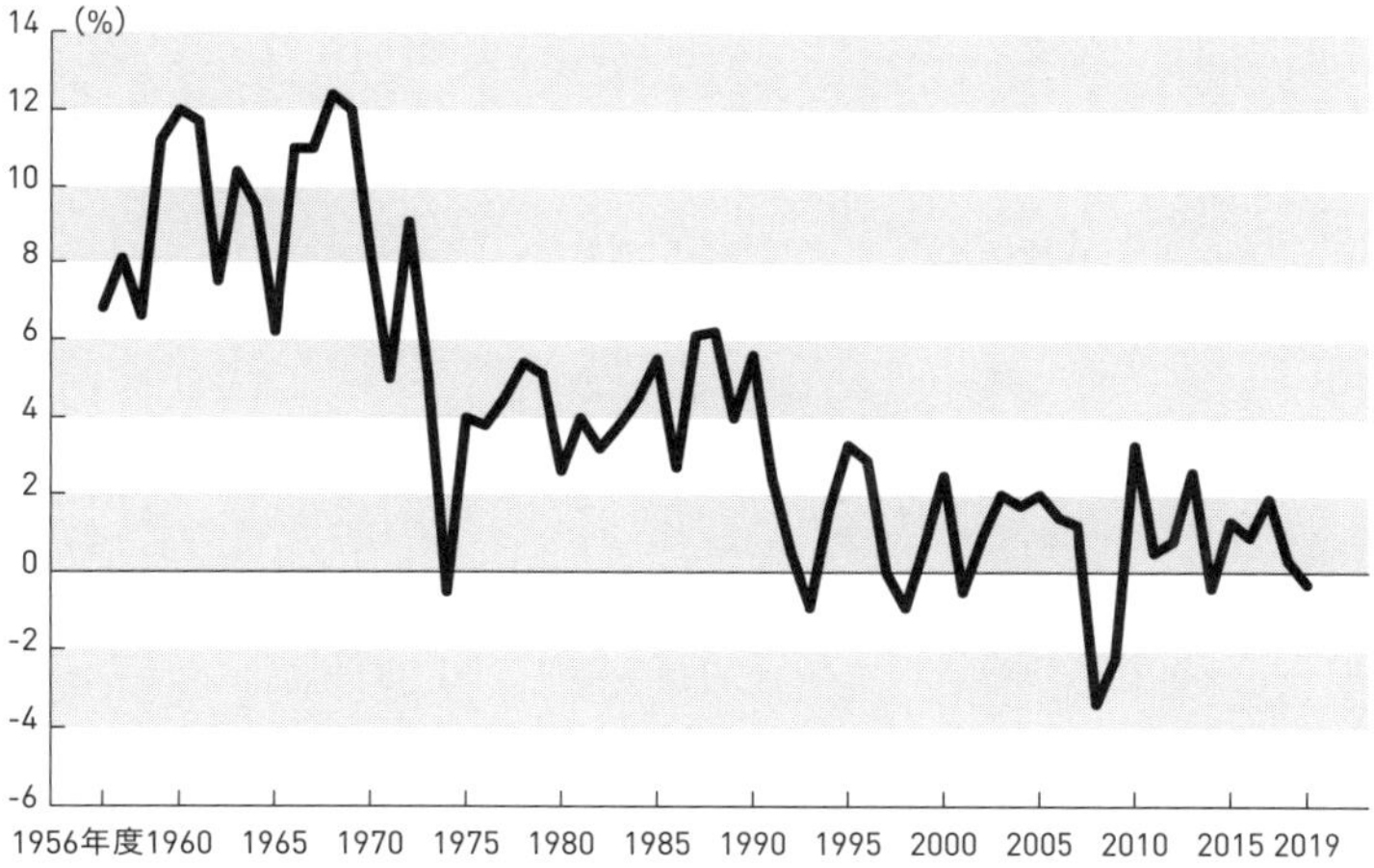

内閣府「日本経済2019-2020」の「長期経済統計」、内閣府ホームページ内「国民経済計算（GDP統計）」の「主要統計データ　年次GDP成長率」を参考に作成。

一方、逆に成長率が下落する場合には、一般的に、投資を行うことによって得られる期待リターンも下落すると考えられます。このときには、投資の需要は減退し、財（モノ）や貨幣（カネ）市場の均衡をもたらす実質金利は、理論上、下落すると考えられるのです。つまり、50～60年前は実質的な経済成長率は市場の金利と連動していて、銀行にお金を預けておくだけで高いリターンが得られる時代だったのです。

日本人が経済大国の日本円で預貯金をするというのは、日本の経済成長率

が4〜5％前後の時代には非常に合理的な考え方だったといえるでしょう。しかし、高い経済成長率も徐々に下がり、「失われた30年」と言われる1990年から2020年までの経済成長率は1％に到達するかしないかで推移しています。

経済合理性が高かった一生転職しない働き方

一つの会社にずっと勤め続けるという働き方も、かつての日本では経済合理性が高いものでした。たとえば、年功序列制度は年齢とともに収入が上がっていくシステムになっていました。

この制度では、若い頃は提供している労働力に対して報酬が低くなります。しかし、年齢とともに報酬が上がっていくことで、ある時点から、提供している労働の量に比して、より多くの報酬が得られるというのが特徴です。

厚生労働省が提供している賃金構造基本統計調査と国際的な賃金の上がり方を見てみましょう（図表3参照）。ヨーロッパでも、勤続年数に応じて賃金は上昇します。しかし、日本の賃金構造は、先進諸国と比べると、勤続年数が短いときはグラフの勾配が小

図表 3　勤続年数別賃金格差の国際比較

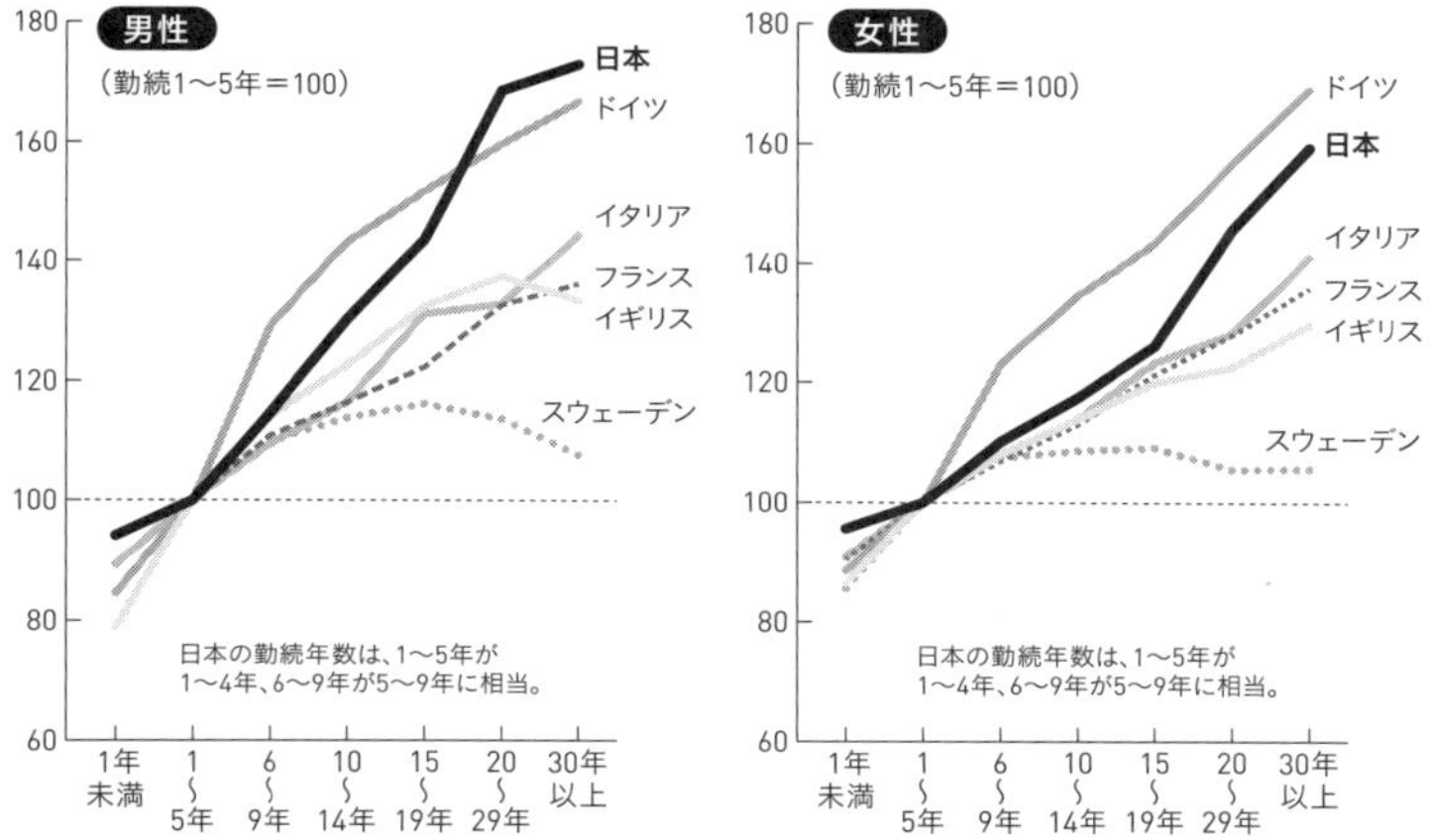

規模10人以上の民営事業所が対象。日本は所定内給与額、欧州は月間平均収入額をもとに算出。公務・防衛・義務的社会保障を除く非農林漁業計が対象。
独立行政法人労働政策研究・研修機構（JILPT）「データブック国際労働比較2019」掲載の図版「5-4　勤続年数別賃金格差」「第5-14表　勤続年数別賃金格差（2014）」を参考に作成。

さく、賃金の上昇が抑えられていることがわかります。しかし、勤続10年を過ぎると勾配は急になり、勤続15年以上になると先進諸国の収入を大きく上回るという特徴があります。

このように、若いときには提供している労働力に見合わない低い賃金が支払われ、中高年になると提供している労働力に見合った額よりも高い賃金が支払われる仕組みを「後払い賃金」などと言います。

こうした仕組みも、日本の経済成長率が高い状態で維持されていれば、経済合理性は高くなります。より良い商品やサービスを生み出し、企業がさらに利益を得ていくためには、従業員個々人の仕事に対する知識や経験を強化していくことが必要になります。そこで、長期雇用を前提として、計画的に社員を教育していくことで、有能な人材を育てることができるのです。

社員教育は会社にとって大きな投資になりますが、長期間勤めてもらうことで、その資金を回収することが可能です。一方で、働いている人たちは、雇用が安定することで収入も安定して、人生設計がしやすくなります。さらにキャリアを育成するための長期的な教育を受けることによって、さまざまな知識や経験を得ることができる。いわばスペシャリストになる教育を受けられるのです。

このため、若いときには給料は安くても、真面目に長く勤めていれば、収入はほぼ自動的に上がっていきます。若いときに収入以上に働き過ぎた分も取り返すことができるという考え方です。年功序列は、企業と労働者の持ちつ持たれつのような側面もあるのです。

しかし、能力にあまり関係なく年齢が上がれば賃金が上がるこの制度に対しては、次第に批判が高まり、１９８０年代にさまざまな企業が能力主義を導入しました。これは、必要とされる職務の能力によって収入を変動させるという仕組みです（職務等級制度)。

職務の能力には、働いている年数や経験の影響は無視できません。つまり、年齢が関係してくるので、結果的に年功序列制度との違いがあまりなかった会社もあります。

一方で職務の能力を測る基準の一つとして、仕事に関係するさまざまな専門資格を持っているかどうかが重視されるようになりました。そして、お金や時間を使う自己投資をして、スキルアップをする、勉強して資格をとることが、収入を上げるための近道だと考えられるようになったのです。

日本の学校教育も合理的だった

つまり、これまでの日本では、「会社に長く勤め続けることができる」というのが個人にとっての最大のリターンになるので、そのためにはどんな自己投資をするべきかを考えるのが自然でした。

最近は少し変わってきているようですが、日本の教育は、いかに社会に順応するかといった集団生活を教えるための場としての役割が大きいように僕には思えます。

朝、登校してから下校するまで基本的に同じ集団で過ごします。特に公立学校では、学習する内容はどの学校もほぼ同じで、知識の習得が重要視されています。

また、社会人になったときに必要とされる最低限のルールやマナーを教える場所という印象もあります。**日本の教育制度が、集団生活を重視してきたのは、会社という集団になじんだほうが、より大きなリターンが得られたからです。**

一方、アメリカでは、同じ会社に居続けることにこだわらず、転職をすることで大きなリターンを得られる可能性があります。アメリカの学校で重視されているのは個性の教育です。自分のどの強みを発揮すれば、人生に成功できるかということを小学生のころから教えていきます。

このため、個人の意見をはっきり言うことは特別なことではありません。クラスの催しものですら、それぞれの強みを発揮できるような役割分担を、先生が考えてくれたりするのです。

また、受験に対する考え方も違います。日本では高学歴、つまり偏差値の高い大学に入学をすることで、より高い収入が得られる企業に就職できる可能性が高まります。このため、早くから激しい受験戦争が繰り広げられます。

しかし、その狭き門を突破さえすれば、卒業することは、そこまで難しくありません。就職活動は決して楽なものではありませんが、入学した大学のレベルが高ければ高いほど、収入が高く経営が安定した企業に入れる可能性が広がります。

一方で、アメリカでは、「入ってしまえばこっちのもの」という考え方はありません。むしろ、入ることより、入ってから卒業するまでのほうが勝負です。

とはいえ、日本でも従来の考え方はもはや過去のものとなりつつあるようです。

30年間、平均賃金が上がらない国

ところでなぜ、今、投資の考え方が必要なのか。もう少し考えてみましょう。

次ページの図表4を見てください。グレーの折れ線は国税庁が調べた1989年から2019年までの30年間の正社員の平均年収をグラフ化したものです。30年前と2019年を比べるとおよそ8・4％増。この伸び率はいいとは言えません。

というのは、既にお伝えしたように、日本円で自分の資産を持っているということ

図表4 日本人の平均給与は対ドル換算では下がっている

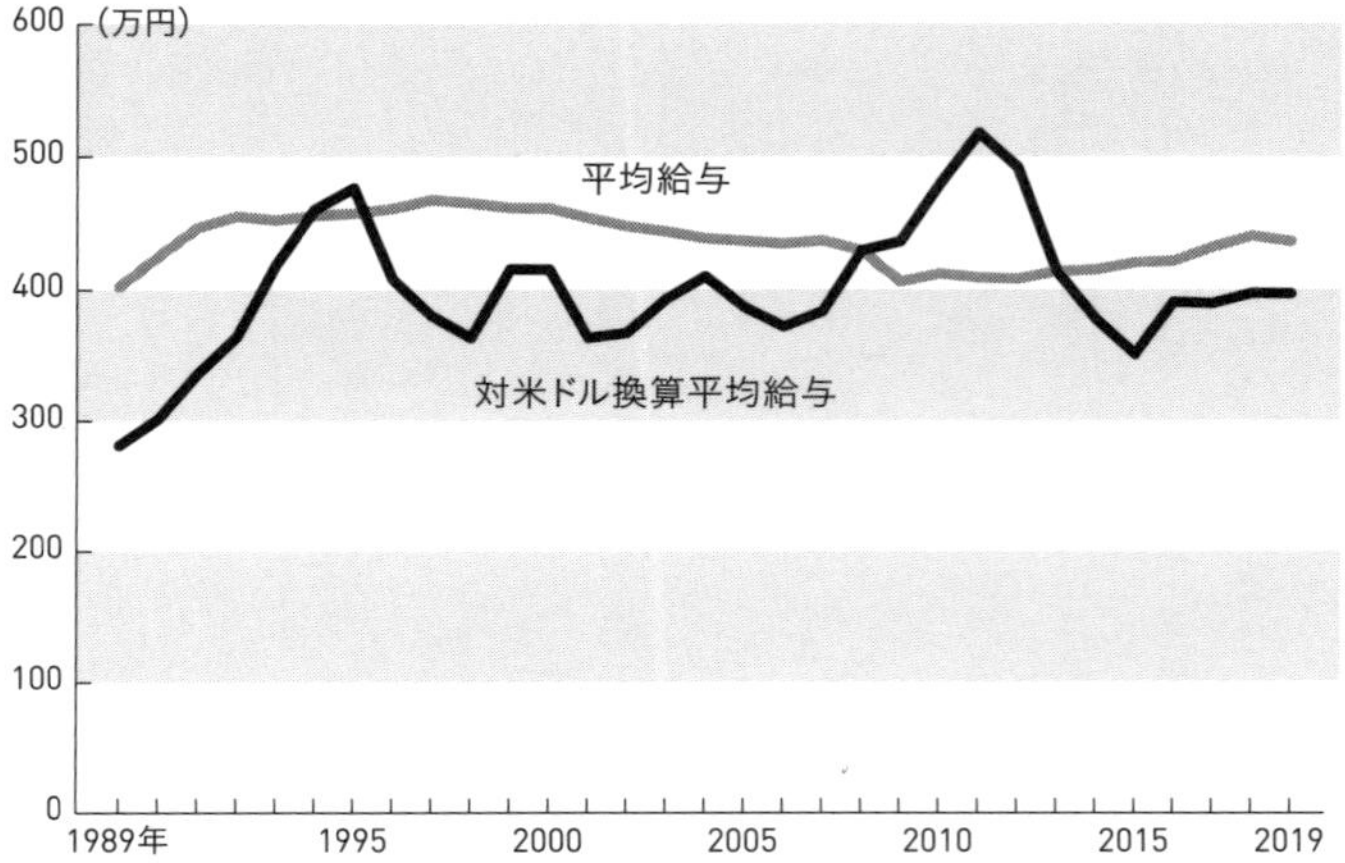

独立行政法人労働政策研究・研修機構「データブック国際労働比較」および、国税庁 長官官房 企画課「民間給与実態統計調査──調査結果報告──」のデータをもとに作成。

は、全額日本の国に投資をしているようなもので、当然のことながら、国力が下がれば、自分の資産の価値も減ってしまうことになるからです。

そこで、この伸び率を複眼的に見るために平均給与をドルで換算したら、どのくらいの価値になるのか調べてみました。指数計算した対ドル換算の数値を重ね合わせたのが、図表4の黒の折れ線です。

これを見ると、世界的に日本の円の価値が下がると、自分がもらっている給料の価値も連動して下がってしまっていることがわかります。

為替ですから、世界の経済大国であ

るアメリカや中国の経済がつまずけば、相対的に日本円が買われ、一時的に日本円の価値が上がる局面も出てきます。しかし、長期的に見ると、日本経済と同じく下がっているのです。

ちなみに、1997年と2013年を境に大きく日本円の価値が下がりましたが、これは消費税の影響です。

1989年4月に消費税法が施行され、税率は3%でした。97年4月に5%、2014年4月に8%、19年10月に10%に引き上げられてきました。つまり、前者は3%から5%に、後者は5%から8%に上がった年なのですが、経済成長率はそれぞれ翌年にマイナスに落ち込んでいます。増税の影響は翌年に出るようです。

年功序列はリターンの低い長期投資

そこで最初の投資の三つの要素（43ページ参照）について、もう一度、今あなた自身がしている自己投資の方法が正しいのかどうかを考えてみてください。三つの要素とは、投資する「資源」、お返しにもらう「価値」、そして投資する「時間」でした。この三つの視点で自己投資を検討しなおしましょう。

組織に属してその一員として働くビジネスパーソンは労働力という「資源」を、その組織に投じます。そのことによって得られる「価値」は給料です。しかし、先ほどお話ししたように給料はこの30年間でほとんど変化がありません。むしろ、対ドル換算すれば、図表4（54ページ）にある1989年から2019年の間で見ると価値が下がっている期間のほうが長いのです。

そして、さらに問題なのは投資する「時間」です。

49ページの図表3で見たように日本の場合、年功序列制度の影響で、他の欧米先進国に比べて、勤続年数が収入に与える影響が非常に大きいという特徴があります。最初は提供している労働力に対してリターンが小さく、より大きなリターンを得るために、自分の労働力を15年近く、同じ会社に投資し続ける必要があるのです。

しかし、この先、どうなるかがわからない時代です。勤めている会社が倒産したり、部署が縮小されたりして、同じ会社で働き続けるのが難しいことも出てくるでしょう。

将来が保障されなければ、勤続年数が短い若い人ほど、投資している労働力に見合ったリターンが先々もらえなくなるというリスクが大きくなってしまいます。

また、新型コロナウイルスの問題もあります。2021年2月に発表された速報値では、20年10~12月期の経済成長率は物価変動の影響を除いた実質で前期比3・0%増、この成長が1年続いた場合の年率換算で12・7%増と2桁成長になりました。

しかし、コロナ禍で同年4~6月期はそれぞれ、マイナス8・3%、マイナス29・3%と戦後最低まで落ち込んだことが影響し、20年暦年では、前年比マイナス4・8%となりました。マイナス成長はリーマン・ショック後の09年以来、11年ぶりです。

20年10~12月期はプラス成長でしたが、2021年1~3月期は、緊急事態宣言の再発令や政府の需要喚起策が一時停止になるなどの状況から、再びマイナス成長に戻ることが、民間の著名なエコノミストや経済アナリストらによって予測されています。

経済成長率が下がれば、当然ながら日本円にも影響があります。日本円の価値が下がり、さらに給料の価値が目減りしてしまうリスクもあるということです。

これらのことが、今後の日本において、自分の労働力を長期にわたって会社や国に投資するのはリスクが高すぎるのではないか、と僕が考える根拠の一つです。

そこで、本書では、物事に対してもっと経済合理性の高い判断をして、自分に投資し、運用することをお伝えしたいと思っています。

過去の成功法則が、すでに使えなくなってきているからです。

コロナ後の日本経済はどうなるのか

コロナショック以降、日本政府はさまざまな財政出動を行ってきました。「日本の経済はかなり回復しているのでは？」そんなふうに思っている人もいるかもしれません。しかし、どうやらそんなことはないようです。ある指標を見ることにしましょう。

ＰＭＩ（Purchasing Managers' Index）です。ＰＭＩとは「購買担当者景気指数」と呼ばれ、製造業やサービス業の購買担当者に毎月アンケートを行い、その結果から算出した経済指標です。調査は世界30カ国以上、それぞれ何百という会社で実施され、数値が50を上回れば景気拡大、下回れば景気後退と判断されます。同様に国の経済状況を図るＧＤＰ（国内総生産）は四半期ずつの発表ですが、ＰＭＩは毎月発表されるため、より即時性のある指数として重要視されています。

ほとんどの国でＰＭＩは製造業と非製造業（サービス業）の二つのカテゴリーに分かれています。両者を合わせたものが、コンポジットＰＭＩです。いずれも２０２０年９～10月のデータですが、まずアメリカのコンポジットＰＭＩを見てみると54・３と50を超え、さらにコロナ前の指数を上回っています。欧州は50強、中国も同様で、オーストラリアは一時期56・５と大幅な回復。そして南米最大の経済国ブラジルも50を超え、コロナ前の水準に達しています。

ちなみに、中国では、政府発表のＰＭＩと民間メディア大手の財新がスポンサーとなってマークイット社が調査・発表するＰＭＩの２種類があります。政府発表の信憑性を疑う意見もあります。僕は、民間の「財新マークイット中国製造業購買担当者景気指数（財新マークイットＰＭＩ）」のほうは信頼できるという考えですし、世界中の投資家もこの指標を参考にしているので、こちらを参考に考えを述べています。

では、この時期の日本はどうでしょうか。コロナの落ち込みから７割ほど回復しているとはいえ50以下。**つまり主要国の中で、日本だけ回復が遅れているのです。**

２０２１年２月５日に総務省が発表した前年12月の家計調査によると、二人以上の世帯の実質消費支出は前年比０・６％減の31万５００７円。勤労者世帯では前年比２・７％減で、実収入が前年比実質１・３％の減少、冬のボーナスも前年比実質マイナス５・０％と大きく減少しました。

この事実は消費者がまだ支出を控えているということです。事前予測より減少幅が少ないのですが、それは「巣ごもり」によって、自宅の修繕・維持費やエアコンなど家庭用耐久財の消費が増えたことが要因ではないかと予想されます。外食や旅行、鉄道・空港などの運賃などについては軒並み減っています。

消費者が消費・支出することで実際の経済は回っているので、それが増えなければ経済が回復しないのは当たり前と言えるでしょう。

過保護政策が日本の賃金を下落させている

そして、賃金の下落も経済に大きな影響を与えています。実はアメリカの平均賃金はコロナ禍以後も上がっているのです。確かにコロナを機に解雇された人は多いのですが、残った人の賃金が高いため、結果として平均賃金が上がったということかもしれま

図表5 平均勤続年数と生涯平均転職回数の国際比較

	平均勤続年数(年)	生涯平均転職回数(回)
アメリカ	4.2	11.9
韓国	5.7	8.8
デンマーク	7.4	6.8
イギリス	8.0	6.3
スウェーデン	8.9	5.6
ノルウェー	9.0	5.6
フィンランド	9.5	5.3
オーストリア	9.7	5.2
オランダ	9.8	5.1
ドイツ	10.6	4.7
ベルギー	11.0	4.5
フランス	11.4	4.4
日本	12.1	4.1
イタリア	12.2	4.1

独立行政法人労働政策研究・研修機構「データブック国際労働比較2016」のデータをもとに作成。

せん。一方、ドイツは下がっていますが、比較すると、ここでも日本の低下のほうが大きいのです。

これに関しては一つに日本の助成金制度と関係があると思います。

日本は驚くほど転職率が低い(図表5参照)。失業した場合、アメリカをはじめ欧州や他の国々では、多くの人が新しい仕事を見つけようとします。転職の際には、前の仕事よりも賃金が高い職場を目指すもの。しかし日本は、企業に助成金を交付して雇用を維持するため、結果、賃金水準が下がるといった影響があると考えられます。

図表6 リーマン・ショック後に日本の賃金下落は長期化した

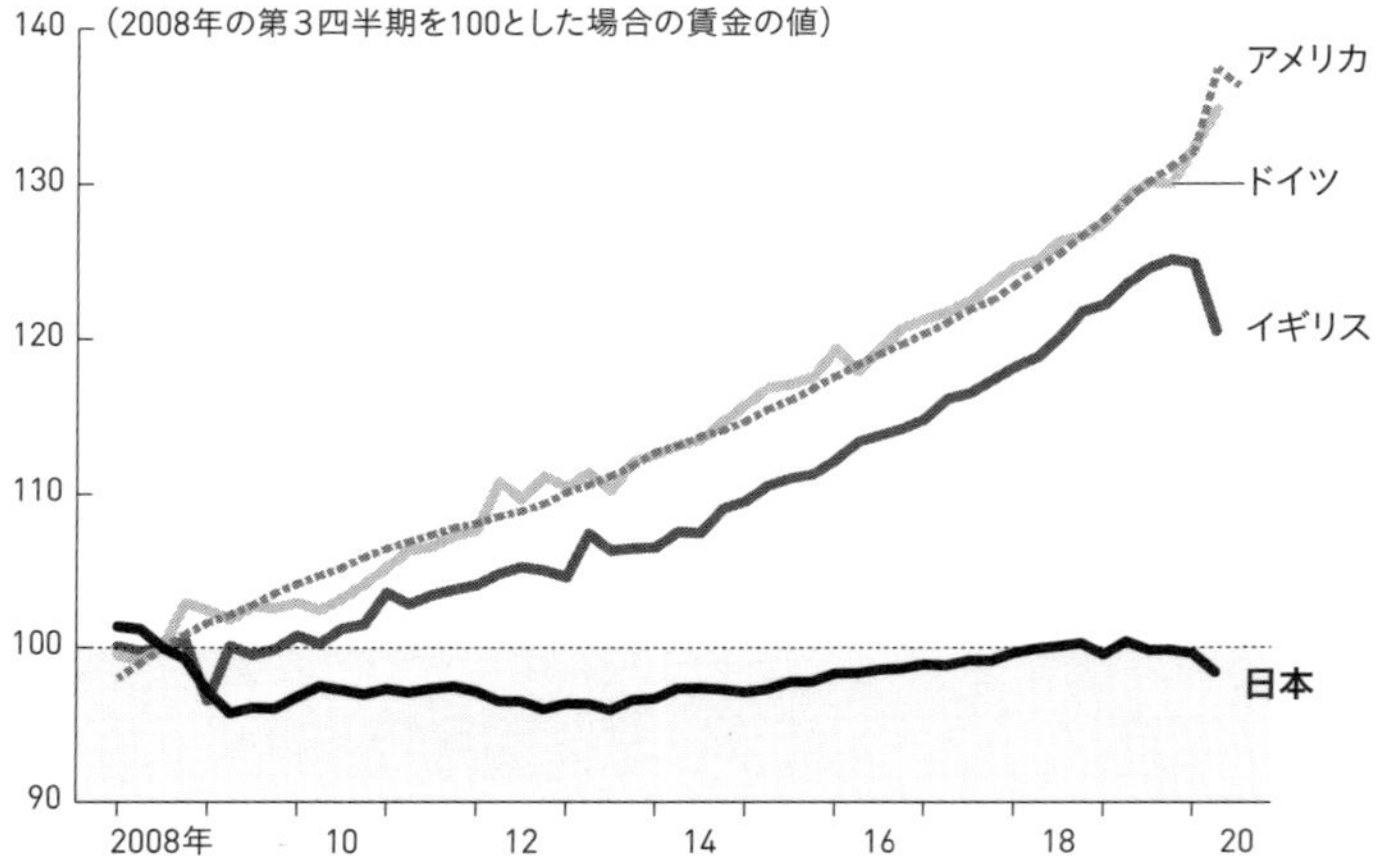

(注)第一生命経済研究所の田中理主席エコノミストが各国の政府統計をもとに作成。
出典:本書の図表は、2020年10月10日 日本経済新聞の記事をもとに作成。

コロナ禍の経済対策として、確かにアメリカや各国も企業に助成金を交付していますが、失業率はアメリカのほうが日本より圧倒的に上がっている。これは、アメリカと比べて日本のほうが、雇用維持制度を優先させている表れでしょう。

そしてもう一つ関係するのが、平均賃金の長期にわたる下落です(図表6参照)。

2008年から現在まで、他国は上がっているにもかかわらず、日本だけが下がっている。これは驚くべきことです。平均賃金が上がらないので、もちろん消費支出も増えない。すると経済回復が難しいのは当然だと思います。

この賃金が下落した理由も、日本の制度が大きいと捉えています。この意見には反論や批判があるかもしれませんが、特に若い世代に対して、雇用を保護しすぎるのは、国の長期経済にとって、ときには悪く働く場合があるかもしれないと僕は考えるのです。**雇用維持だけに集中するのではなく、仕事を失った人へ転職も奨励したほうが、長期的・結果的には建設的な方法だと思います。**

日本はバブル崩壊以降、政府がたびたび企業の保護を重視しており、おかげでゾンビ企業（経営が破綻しているにもかかわらず、銀行や政府機関の支援によって存続している企業）が増えたと言われています。そのときは喜ばれたかもしれませんが、結果として日本の長期経済にとっては悪影響もあったと思います。つまり企業の新陳代謝が進まなかったのです。

また平均賃金が上がらない要因には、さらに長期にわたるデフレが挙げられます。この30年間の世界経済を見てみましょう。

アメリカは10年平均で約2％のインフレです。欧州は約1・5％、英国は約2％、中国は約4%、ブラジルは約6%、オーストラリアも2~3%程度。圧倒的に違うのは日本だけで、30年間がほとんど約0%。ここが重要なのです。

物価指数が上がり、インフレでないと賃金も上がらず、消費支出が伸びない。つまり日本のGDPの約6割にあたる民間消費支出が増えなければ、国の経済が成長するのが難しいということは明らかです。

新しいスキルセットを手に入れよう

では、どのような解決方法が考えられるのでしょうか。やはり、日本政府の保護主義に問題があるという印象があります。なので、仮にコロナ禍のような経済危機が再度起こった場合には、企業に助成金を与えるだけでなく、ほかの方法もとっていくべきでしょう。

経済にアップ&ダウンがあるのは必然で、企業が破綻した場合、新しく会社を作る、別の会社に転職する、これが通常の経済サイクルです。政府は適切な雇用維持を図りつつ、同時に失業した人が次に進むための数多くのトレーニングプログラムを用意するべきです。そして、これは若い世代だけでなく、高齢者世代も含める必要があると思っています。

デジタルリテラシーの重要性はほとんどの年齢に関係ありません。たとえばプログラミングなど、コンピューター関連の企業の賃金は平均的には高額です。なので政府は、いろいろなトレーニングプログラムを強く後押しする。

一般的な製造業は、東南アジアなど途上国のほうが生産コストは安いので、いずれ取って代わられる可能性が高い。そうしたサンセット企業でなく、勢いのある企業への転職を勧めるのが政府の役割だと考えます。

新しい波に乗れるよう、トレーニングの機会を設けることは、長期的に国の経済にいい影響を与えるはずです。

そして消費税率の引き下げです。僕は、消費増税は誤りだったという認識です。他にもこの数年間で間接税を上げている国はありますが、日本とは事情が異なり、比べられません。なぜなら、日本は中央年齢（上の世代と下の世代の人口が同じになる年齢。平均値とは異なる）が現在48歳と世界で1番目か2番目に高い。ちなみに日本の生産性が低い理由の一つもこれです。高齢者が増えると、一般的に消費支出も下がります。

財政健全化が目的であれば、消費税を上げるのではなく、財務省は日本銀行と連動して、政府が日銀から借りているお金（日本銀行は日本国債の発行額の約44・2%を保有している）の返済期限を3～10倍に延長して、政府の債務を調整してはどうかと考えます（これをデット・リストラクチャリングと言います）。海外企業などではなく日銀の保有率が高いからこそ、できることです。市場で取引されている日本国債の期限切りを、たとえば50年、100年に変更すれば、国民の税負担を減らすことができるはずです。

消費税は下げ、消費する人にインセンティブを与える。消費支出を促進するために、消費者を守る。同時に新しい企業へと進める。これが正しい方向だと僕は考えます。

そして最後に、個人個人にお勧めしたいこと、それは新しいスキルセット（その職種や役職に必要とされるひとまとまりの知識や能力のこと）を身につけることです。そうすれば、あなたの人生の平均賃金を上げることができると思います。ずっと同じ企業、特に歴史の長いサンセット企業に勤めている場合は、かなり危険なシチュエーションと言えるのではないでしょうか。

インターネットでも、YouTubeでもＳＮＳでもいい、それらを通じて新たなスキルを習ってください。僕は投資についてみなさんに情報発信していますが、ほかにもプログラミング、ＡＩ、ロボティックスなどの業界は、世界的に見ても平均賃金は高水準。また英語が上達すれば、比較的賃金の高い外資系企業で働くことも可能です。そうすれば、たとえ日本が間違ったレールを進んでいても、あなた個人は自らの力で切り抜けることができるはずです。

僕も日本人ですが、日本のこの「失われた30年」が、35年、さらに40年と続くかもしれないという危機感を覚えます。90年代から続く同じミステイクをまだ繰り返している、と言わざるを得ません。しかも90年代と比べて国民の高齢化が進んでおり、条件は悪くなっているかもしれない。

だからこそ、あなたは新しいスキルセットを身につけて、国の状況に関係なく前に進めるようにしていただきたいのです。多くの日本人がそうすることで、結果的に、国全体が良い方向に進み、経済も再び上昇する。僕はそう信じています。

自分に投資し「リターン」を得る考え方

安定した生活を維持するために会社員として働き、毎月一定の収入を得ることは一つの有効な手段ですし、その収入をもとに貯蓄をすることも無意味ではありません。しかし、一生同じ会社に勤め続けることは、株式投資で言えば、一つの銘柄にすべての財産を投じているようなもので、一つひとつの企業の安定感がかつての日本とは違ってきている今、リスクが大きすぎます。これからは、分散して投資をするという考え方を取り入れることが必要になってくるでしょう。

そこで、僕がお勧めする最も効率の良い投資先は、自分自身。なぜならば、自分の価値はいくらでも高めていくことができるからです。

冒頭でご紹介したように、僕は自分自身に投資をし続けることによって、リターンを得てきました。そして、高収入を得られる可能性のある会社を離れ、自分に投資を続けることで、資産を増やすことができたのです。

もちろん自分への投資も、手あたり次第にすればいいというものではありません。最大の「リターン」が得られるように考える。これが大事です。そのためには、「マーケット」を見る目を養わなければいけませんし、自分が投じることができる「資源」を見極める必要もあります。

ここで、みなさんにお伝えしておきたいのは、自分の損得だけを考えて動くべき、他人を出し抜いて成功を勝ち取るべき、ということを僕は言いたいのではありません。もちろん、自分の生活を豊かにしたり、より大きなビジネスチャンスを手にしたり、出世したりしたいという気持ちを持つのも、自然なことです。

一方で、僕だけではなく、読者のみなさんの多くが、自分の仕事が誰かの役に立ったり、誰かを喜ばせたり、助けたりできたら、と考えているのではないでしょうか。

「諸君には、ここで学んだことを、人を助けるために使って欲しい。世の中を良くするために使ってほしい。君たちにはその責任がある」

これは、僕がコーネル大学を卒業するときの学長スピーチです。

学校や親は僕たちに教育という投資を施してくれました。僕たちも与えられた機会に感謝し、努力を重ねて勉強しました。また、学生生活を通してさまざまな人生のスキルや大切なことを学びました。

そこで培った諸々の知識や経験を社会に還元していく、それが恩恵を受けた者の責任です。そして実は、自分の力は自分だけのためではなく他人を助けるために使うと、もっと力が出るし喜びも大きい。

そういったことが、卒業後10年以上経って、僕にも少しずつ解ってきました。

つまり、自分が努力して手に入れたものを人のため、世の中のために活用できれば、自分自身の、より大きい幸せとなって返ってくるのです。その点から考えても、自分に投資することは大変意味があると思うのです。

では、自分への投資を、どう絞り込んでいくか、Chapter2で詳しく説明していきます。

Chapter

2

自分を〝上場〟させるための「マインド」

Mind

運用の基礎を学ぶ

Chapter1では、経済が成長していた時代には、日本人は最も合理的な投資をしてきたという僕の考えをお伝えしてきました。日本の経済成長率が右肩上がりのときには、組織人として、所属する企業に自らの労働力を提供することによって、日本の会社や日本の国から大きなリターンが得られたからです。

しかし、日本の経済成長率がゼロに近い今、自分の労働力を長期間にわたって一つの会社に提供し続けるのは、非常に運用効率が悪い投資だと思います。

そこで、分散投資先の最有力候補として、僕がお勧めしたのが「自分」。

やり方を間違えなければ、最も効果的で大きなリターンを得られると僕は信じていますが、自分を生かせる正しい場所を選ばなければ、理想的なリターンを得ることはできません。そのための考え方や心の持ちようをChapter2ではご紹介していきます。

そこでみなさんに考えていただきたいのが、「運用」です。運用効率の高い自己投資をするためには、ある一定の期間で、どれだけのリターンが得られそうか見極める必要があります。まずはここから始めていきましょう。

両親の仕事は金融系ではなかったのですが、プロローグでもお話ししたように、僕は12歳で投資を始めました。理由はとても単純です。

12歳のとき、僕は日本の祖父母から特別に10万円のお年玉をもらいました。そんな大きなお金を手にしたのは初めてのこと。両親と相談して使い道を決めるように言われましたが、その年齢の子どもだったら、ゲームやおもちゃなど欲しいものがたくさんあるものです。僕も何を買おうかと期待をふくらませていました。

でも、父は僕にこんなことを言いました。「お金を使う前にちょっと考えてみなさい。10万円より、20万円もらえるほうがいいんじゃない？　増やしてから使い道を考えるのはどうかな？」と。

僕が手にしていた10万円の価値は、そのときすぐに使ってしまえば10万円にしかならない。しかし、どこかに預けて運用し、1年後、2年後に受け取れば、運用利回りに応じて、11万円にも12万円にも価値が増える、という話をしてくれたのです。

そのときのことを、今、考えてみると、父はお金の時間的価値（Time Value of Money）を教えてくれたのだとわかります。**お金の時間的価値とは、そのお金をいつ受け取るかによって、大きく価値が変わるということ。**今日の100円と1カ月後や1年後の100円の価値は違う、ということです。

こうしたお金の時間的価値を知らなければ、人間は目の前にあるお金をすぐに消費に回してしまう傾向があります。

貨幣がなかった時代、食糧はお金と同じようなものでした。僕たちの脳は食糧を獲得したらすぐに食べたいと思い続ける仕組みになっています。

これと同様に、現金を手にしたら、それを使って報酬を得る行動に出てしまいます。これは、「報酬系」とよばれる脳の仕組みです。この脳の神経回路は、進化においては非常に古い部分にあります。また、この部分には感情が大きく関わっています。それゆえに、投資では、自分の感情をどれだけコントロールできるかが大変重要です。

さて、話をお金の時間的価値に戻します。お金の時間的価値がわかっていれば、すぐにお金を消費するのではなく、運用してお金を増やすという選択肢を選ぶこともできる。それが僕の父が教えてくれたことでした。

アメリカの学校では、高校生からお金の時間的価値を学ぶところもあります。しかし、日本の学校ではその機会はあまりありません。

一方で、日本の学校では勤勉さや労働の尊さを学びます。さまざまな国の人たちと話す経験をすると、あらためて、日本の人たちは働くことに大きな価値を感じていて、真面目に一所懸命働くことが尊いと感じる文化が根付いていることに気づかされます。

Chapter1でもお伝えしましたが、高度経済成長時代は、一つの会社に入って勤め上げるという価値観が普通でした。もっと先を見て、今勤めている会社以外で最も「投資効率」が良い別の場所を探して、自分自身を、そちらに投資してみよう、という考え方は、なかなか生まれてこなかったのではないかと想像しています。

もしかしたら、日本人が投資より預貯金を選ぶのは、そもそもお金の時間的な価値を考える機会があまりない社会が続いてきたからかもしれません。

父が教えてくれた「72の法則」

さて、先ほどの父の話には続きがあります。父に「10万円を2倍にするには、何%の利回りで何年間運用すればいいのか」と質問されたのです。

この答えは「72の法則」で簡単に求めることができます。この法則は、資産を倍にするのに必要な年数を求めるもので、72を利回りで割るだけです。

運用で得た収益をさらに投資することで得られる、利息が利息を呼ぶ効果を複利効果と言いますが、これは運用を考えるときには欠かせない考え方です。

当時、アメリカの国債の利回りは6〜7%でした。仮に利回りが7%だったら、「72÷7＝約10（年）」で倍になります。そこで僕はアメリカ国債に投資をして、10年後に倍になったお金をまた別の投資に使いました。

ちなみに、お金の時間的価値は、お金を増やそうとするときだけでなく、お金を借りるときにも大切です。

たとえば、今、現金10万円を借りたとします。仮に借金の年利が18%だとしたら、返済額が倍になるのは、何年後になりますか？　先ほどの72の法則で考えればたった約4年です。

72の法則で考えると、いかに消費者金融の利率が高いかわかるはずです。毎月少しずつお金が足りなくなって、少しずついろんなところから借りているうちに、多重債務者になってしまうという話を聞きます。複利効果というのは、まさにその積み重ねによって、借金がどんどん増えていくのです。

このように投資するにしても、借金をするにしても、お金の時間的価値は知っておいて損はありません。

自分の時間的価値を考える

あなた自身にもお金と同様に時間的価値があります。自己投資も自分の時間的価値を考えながら、運用先（フィールド）や運用方法（ノウハウ）を選ぶ視点が必要です。

投資効率が良いか悪いかによって、リターンに何倍も差が出てしまうのです。読者のみなさんの多くは、日本に住み、日本で働いていらっしゃると思います。すると、日本経済の影響を受けることは避けられません。そこをふまえたうえで、自分の時間的価値を考えてみてください。

投資の世界ではローテーションといって、自分の資産のポートフォリオ（金融商品の組み合わせ）の比率を、そのときの経済状況に合わせて、組み替えることがよくあります。よりリターンのある銘柄に分散投資をすることで、最も効果の良い複利効果を狙っていくわけです。こうしてローテーションをすることで、組み替えをしなかったときと比べて、何十倍、何百倍もリターンが異なる事例がいくらでも存在します。

自己投資でも、このローテーションの考え方は効いてきます。自分の持っている資源を最も効率の良いものに投資していきましょう。

社会の変化が生む〝歪み〟を探そう

これは、企業に勤めるあるビジネスパーソンの例です。

その人は自分を一つの投資資源とみなし、生涯賃金を最大化しようと考えていました。

まず就職するときは、自分がやりたいことという基準で考えるだけでなく、最も成長している業界を選ぼうと考えました。そこで選んだのが、高い成長率を保っているＩＴ業界です。そして、その業界でトップを走っている企業に就職しました。

そして、彼はその収入をもとに少しずつ貯蓄を始めます。

次に彼が目をつけたのが不動産投資市場。２００８年、リーマン・ショックが全世界を襲い、景気が大きく後退しました。**このように社会経済が大きく変動しているときには、どこかに必ず歪み（価格差）が生まれる、と彼は考えました。**

日本でも不動産の価格が大きな影響を受け、実質的な価値よりも価格が安くなっていたのです。彼はその貯蓄を元手にしてワンルームマンションを購入し、不動産投資をスタートさせました。そして順調に戸数を増やした彼は家賃収入が会社の収入を上回るようになったのです。

会社員としての給与の収入と家賃収入というように複数の収入のルートができたことで、さらに貯蓄が増えました。それを元手にして彼は飲食業をスタートし、会社を早期に退職。会社員時代と比べて数倍もの資産と収入を得ているそうです。

経済全体が落ち込んでいても、業界や業態によっては成長している分野もあります。

また、経済全体が後退していて誰も投資をしようなどと考えていないようなときにこそ、彼のように、安い収益物件を購入して新しい投資をスタートするなど、多くの人が考えることとは別の視点を探してみることが大切です。

人がしていないことをする

人生も投資もそうですが、競争社会に僕たちは生きています。そこで生き残っていくためには、他の人がしていないことをする。**これは誰かに教わったのではなく、僕が出会った成功している人たちには、大多数とは異なる、オリジナリティのあることをしている人が多いと気がつきました。**

たとえば、現在、世界の人口は約76億人です。アメリカをはじめとした先進国で投資をしている人は5~10%、約3億人。その中でどうすれば自分が優位に立てるかを考えると、人と同じことをしていては難しいと気付くでしょう。

特に投資の世界は、誰かが儲けているときには、誰かが損をするという、ゼロサム社会です。勝ち続けるためには自分なりの強みを持つことが必要です。気持ちとしては、

3億人の中で自分だけしかできない戦略を見つけるのです。

その最初の一歩として僕がお勧めするのは、「競争率が低いところを見つける」ということです。すでに激しい競争が行われている市場で戦おうとするのではなく、まだ開拓されていないような市場を狙っていくのです。

こんな投資の格言があります。

「人が売るときに買い、人が買うときには売れ」（"Buy when others sell; Sell when others buy."）

すなわち、「人と同じ道は行くな」ということを意味しています。

2018年頃に仮想通貨のビットコインの価格が大きく値上がりしました。多くの人は競うようにビットコインを購入しましたが、そういうとき、皆と同じことをしても利益は生まれません。

そうは言っても、うまくいっているように見える多数の人たちと同じことをしないでいるのは、実はすごく難しいのです。というのは、前にも説明した脳の報酬系が関わっているからです。人間は社会的な動物で、他人と同じ行動をすることによって安心感を得ます。

しかし、投資のようにリスクが高い行動では、安心感を求めることだけを目的とするような無意識の行動は避けなければなりません。**理性を使って合理的に判断することで、他の人と違う道を選ぶべきなのです。**

これが、本書の最初にも述べた「逆張りの戦略」なのです。

10分で7億円を損した日のこと

お金の時間的価値について述べたくだりで少し紹介しましたが、人間は理性でさまざまなことを考えて、合理的に最もリターンのある運用先を選ぶことができる一方で、感情にも支配されています。

そのせいで、運用先や運用方法を誤ってしまう場合もあります。特に何とか損を取り返したいと考えているときに、そうした問題が起きやすいのです。

ここで僕の失敗談をお話しします。10分間で7億円を失くしてしまった最悪の日の出来事です。

前にもお話ししましたが、僕は26歳のときにメンターと一緒にヘッジファンドを立ち上げました。スタッフは僕を含めて10人ほどで、メイントレーダーはメンターと僕です。

ヘッジファンドは外部からお金を集めてマーケットで投資をし、運用しています。商品もあれば為替や不動産など、それぞれに運用が得意なヘッジファンドが世界に1万以上あります。

僕たちの会社は、設立当初から驚異的なパフォーマンスを上げ、そのことが話題になって資金がさらに集まり、設立2年目もいい収益を上げることができました。

取引をすれば必ず勝つことが続き、滑り出しの良さに、自信過剰になっていたのだと思います。しかし取引や投資の世界には必ず波があります。上がると自信過剰になり、下がれば自信を無くす。この世界は、その繰り返しなのです。あと少しで倒産してしまうという状況になったことは、僕も2、3回あります。

当時、僕はコンピューターを活用して裁定取引（アービトラージ）を行っていました。

裁定取引とは、別の市場に同じ価値を持つはずの商品があったときに、その商品の一時的な価格差を利用して、取引を行う手法です。割安なほうを購入して、割高なほうを売却。その後で、両者の価格差が縮小したときに、反対売買を行って利益を獲得します。株価指数等の現物価格と、先物価格や為替を利用した取引などが僕の専門でした。

理論価格よりも高くなっている割高な先物を売却するのと同時に現物を購入することを「裁定買い」、理論価格よりも低くなっている割安な先物を購入するのと同時に現物を売却することを「裁定売り」と言います。

また、たとえば、先物を売って現物を買うという裁定取引のポジションを組み、その後、利益を確定するために先物を買い戻して現物を売るといった反対売買を「裁定解消」と呼び、その際に行われる現物の売りのことを「裁定解消売り」とも言います。

裁定取引は、株式市場の現物と先物が有名ですが、為替、金利、商品など、さまざまな市場で行われています。僕はその裁定取引で儲けていた上にメイントレーダーで、積極的にリスクをとっていました。

それは僕が28歳の2月末のことでした。アメリカの市場で日経先物を購入し、日本市場で現物を売る裁定売りを実行していたときに、その悲劇は起きたのです。アメリカの市場では日経先物の取引の量が非常に多く、ときどきは100億円ぐらいの量を1分以内に売買できます。このときは、アメリカ市場の取引が終わる1時間前に購入しました。

僕がこの取引を始めたときに、アメリカ市場では日経先物の価格は約1・7%下がっていました。ところが日本市場の現物は約2%。そこで約0・3%の利ざやを稼ぐつもりで、日本の市場が開く前のマーケットで100億円購入したのです。ところが読みは完全に外れました。取引が始まると株価がどんどん下がり、マイナスが分刻みで増大。100億円のポジションをとっているので、その額も桁が違います。

損失が膨らんでいく様子に、資金管理のスタッフから注意を受けたのですが、なんとか損を取り戻したい僕は、その忠告を受け入れませんでした。そして、さらに買いに走ったのです。結局、10分間買い続けたところ、損失が億単位で増えていきました。見かねたメンターから連絡が来て、損切りすると決めたとき、すでに損失は7億円。今考えてもぞっとするような経験でした。

それでもファンドは倒産しなかったのですが、ファンドの資金の中には自分の資金も投じていたので、僕の財産にも大きな影響がありました。

幼い頃から負けるのが嫌いな性格の僕は、1週間ほとんど寝ないで取引を続け、なんとか損を取り戻そうと思いましたが、うまくいきませんでした。正常な状態ではなかったのだと思います。

負の感情に支配されない唯一の方法

この経験から、僕は理性と感情のバランスに力を注ぐようになりました。理性を失うほど感情に影響されると、投資では大きな損失を出してしまうことがあります。難しいのですが、損をしているときも成功しているときも冷静であることを心がけています。

失敗や損にとらわれすぎると、さらなる悪い結果を引き起こしがちです。うまくいかなかったことを全否定したり、起きてしまったことを悔やみすぎたりするのではなく、次に失敗しないために、そこから何か得られることがないかを探すことが大切です。

マイナスの感情に支配されないようにする唯一の方法と言ってもいいほど大事な要素は、健やかな毎日、つまり睡眠、健康、そして家族や仲間、パートナー。充分な時間寝る、食生活に気を配って運動もする。そして、自信をつけるためにも、自分の性格をよく知るいい味方を得る。基本的なことですが、日常生活を安定させることが、何より大事です。

僕が投資で大事にしている五つのルール

この基本を大事にしたうえで、投資をするときに感情を安定させるために、次の五つのルールをつくりました。

ルール1 情報をできるだけ集める
ルール2 他人の意見だけで決断をしない
ルール3 多様化して投資をする
ルール4 新しい投資をするたびに、「買う」と「売る」の理由を書く
ルール5 新しいポジションを取るときは少しずつ投資をする

僕はいつも、このルールに沿って投資をしています。自己投資も基本的なスタンスは変わらないので、みなさんにも参考にしていただけるように、詳しく説明していきましょう。

ルール 1 情報をできるだけ集める

あるゲームに参加するとします。その参加者全員の利益の総和がゼロになることをゼロサムゲームといいます。投資の世界では市場はゼロサムで構成されています。つまり、僕が1円を稼いだときには、他の人が1円を失くしているわけです。

いわば、市場は戦場。このような激しい戦いで勝ち抜いていくには、質の良い情報をより多く集めた人が有利になります。

投資と取引の最大のコツは、多くの人が集中しているものではなく、それとは別のものを狙っていくことです。

情報を探すときには、全体の流れと逆行したり、全体の流れと別の動きをしたりするものに目を付けて、その背景を調べることが重要なのです。何が原因で、その現象が起きているのかがわかれば、仮説を立てることができますし、そこに大きなリターンを得るチャンスが眠っているかもしれません。

僕が大学受験をしたときもそうでしたが（21ページ参照）、自分の人生やかかわっているビジネスなどにおいて決断や選択をする局面で、この情報の集め方のコツをぜひ生かしてください。

闇雲に集めていては、いくら時間があっても足りません。目の付けどころがわかってくると、情報の取捨選択もうまくなるはずです。

ルール
2
他人の意見だけで決断をしない

当たり前のことかもしれませんが、他人の意見に左右されないということです。

これは前に説明した、自分の考えを曲げて大勢の意見に合わせることはやめるべき、ということとも重なります。

世の中には投資に関係するさまざまな情報が存在しています。そして、ほとんどの投資家が他のトレーダーと情報交換をし合っています。さらに、もちろんニュースも読んでいるでしょう。しかし、その情報の多さに惑わされたり、多くの人がしていることを自分もしないと不安になったりして、多数に流されてはいけません。**結局、多くの人が投資しているものに投資をすれば、競争では、生き残れないのです。**

自分への投資でも同じです。たとえば、人気のある資格を取っても、必ずしもそれを生かせる仕事に就けるとは限りません。なぜならば、その資格を取っている人はたくさんいるからです。それよりも求人市場で需要が高く、まだ取得者が少ない資格を狙ったほうが有利ではないでしょうか。

他人（多数）の意見だけで自分の進む方向を決めないことが重要です。

ルール 3 多様化して投資をする

「一つのカゴに卵を盛るな（Don't put all your eggs in one basket.）」という投資の格言があります。卵を一つのカゴに盛って運ぶと、そのカゴを落としたらすべて割れてしまいます。しかし、複数のカゴに分けて運べば、そのうちの一つのカゴを落としたとしても、他のカゴには影響がない、ということです。分散投資の基本の考え方ですね。

どれだけ自分の判断が当たっていて、強いポジションをとっていても、人間は完全ではありません。判断を間違うことは必ずあります。**もしかすると自分は間違った投資をしてしまうかもしれないという意識を常に持っておくことを忘れないでおきたいです。**

そのためにも、多様化したポートフォリオを作りましょう。一般的な投資であれば、株式だけではなくて、国債や為替、商品などさまざまな投資対象に分散します。

自分への投資で考えれば、たとえば副業など、メインの給与収入以外に収入を得る方法を持っておくというのも良いでしょう。

また、投資する対象だけではなく、時間の分散もあります。短期的に取引するもの、1年ぐらいかけて取引するもの、5年ぐらいで取引するものなど、時間的な分散をするのも自分の判断のミスをカバーすることになります。

何か新しいビジネスやプロジェクトなどに自分を投じる場合も同じです。比較的早期に実現させて結果を得られそうなものと、長期的なプランでじっくり取り組むものとを並行して進めておくと良いでしょう。

ルール
4
新しい投資をするたびに、「買う」と「売る」の理由を書く

この五つのルールは10年かけて作り上げたのですが、これには新しい投資をしたときに書き残してきたメモが役立ちました。これは今でもずっと続けている習慣です。

毎日トレーディングをしている人は毎日、毎週しているなら毎週書く。ペースは人それぞれです。

メモの内容は、なぜ買うのか、売るのかという理由です。同時に、たとえば何かの株を買ったときは、その時点で、先々売る理由を前もって決めて記しておきます。

このメモを増やしていくことで、こうなったら売る、こうなったら買うというタイミングを自分でルール化するのです。すると、自分のやり方にはブレがなくなるため、失敗したときも成功したときも、自分以外の原因が見えやすくなるのです。

また、この過去のメモを見れば、感情に強く影響されて投資をすることが少なくなってくるはずです。どのような状況で売却するかというルールを決めているので、そのときその時の感情に支配されることもないですし、失敗による精神的なダメージにも影

響されることなく取引ができるのです。

また、自分を「運用」している最中も、何にどのくらいのお金や時間を投じて、特に着目すべき経過や、その結果がどうだったかを記録しておきます。さらに、いつまでに成果を得るつもりなのか、見切りをつけるとすればどんなタイミングかも、最初に書いておくことをお勧めします。

この記録によって、どの自己投資の効率が良かったのか、冷静な比較ができるでしょう。

ルール 5 新しいポジションを取るときは少しずつ投資をする

取引でも自己投資でも、一度にたくさんせず、少しずつ。分散投資の考え方です。

たとえば、この本を書いている2021年2月現在、金の価格が上がっています。金は市場で取引されているため、価格は常に変動しています。ある日に一気に購入したら、次の日にもっと価格が下がるかもしれません。

こうしたリスクを避けるために、少しずつ、たとえば1日おきに購入していきます。

こうして購入金額を平均化するのです。

売るときも同じです。たとえば、ある会社の株を購入して、上昇傾向にある場合、全てを一度に売ってしまうと、もしかしたら翌日にもっと株価が上がって、結果的に失敗になるかもしれません。

また、「一度にまとめて」は感情面から考えても危険です。そんなことなら翌日に売ればよかったという後悔しか残らないからです。少しずつ分けて売ることによって、自分の判断が合っていても間違っていても冷静に対応することができます。失敗したら、損切りすることもできるからです。

自己投資についての考え方でも、新しく始めることにすべての時間や資金やエネルギーを投じるやり方は、お勧めできません。もし、その判断が間違っていた場合、元に戻れなくなる可能性が高いからです。

たとえば、副業をするとしても、そこにありったけの時間を使ってしまうと、身体をこわしたり、そちらに集中しすぎたりして、本業に影響を与えかねません。まずは小さく始めて様子を見るのがいい方法です。

Chapter

3

市場で生き残り続けるための「キャリア戦略」

Survival Strategy

Chapter2では、投資における運用についてお話ししました。運用先を選ぶときにお金の時間的価値を考えることが最も大切であるように、自分自身の運用先も時間的価値を考えながら選ぶようにします。

では、次に運用の方法、自己投資でいえば、自分の生かし方について考えていきましょう。

Chapter3では、自分で選んだ運用先（フィールド）で、どのように自分を生かしていけば最高のパフォーマンスを上げられるかということについてお話ししていきます。

まずは僕の経験をご紹介します。

ハードルは高いけれど、効率は最上級

前述しましたが、２００７年、僕はニューヨークのウォール街でモルガン・スタンレーという会社に入社しました。大学時代にもクレディ・スイスとＪＰモルガンの2社でインターンシップをした経験があります。

夏の間行っていたインターンシップには給料が出ました。その金額は年率換算で約

600万円。その3カ月分（約150万円）を受け取りました。19歳の学生にとっては、大きな金額です。僕はそれを全額株式に投じて、さらに効率の良い収益を上げようと考えたのです。

もちろんのことですが、モルガン・スタンレーに入社するためには、非常に努力しました。同社の入社面接は3〜4回。あるときは、2対1で面接を受けていると、他の面接官が割り込んできて、「お前の発言は間違っている」と言ったり、急に話を変えたりします。また、やる気がなさそうないい加減な態度で応対し、馬鹿にしたような顔で薄笑いする面接官もいました。

さらに、別の面接では「この部屋にどれだけゴルフボールが入るか？　10秒で答えなさい」と言われて、一瞬からかわれているのかと思いました。

このような面接では何を問われているのか。僕が思うに、大きく二つのことがあります。

一つは、精神力です。ウォール街の投資銀行に入社すれば1日中働き通しで休む時間もほとんど取れず、睡眠時間も少なくなります。そもそもマーケットは眠らない状態で、全世界のどこかで取引がされています。そのような過酷な状況に耐えられるのかどうかを、一見理不尽とも感じられるようなテストで見極めていると考えられます。

二つ目に、答えに困るような不思議な質問によって、前例や前提がない場合に、冷静に対応し、的確に意見を言うことができるかを見ているのではないかと思います。マーケットでも、急激な値動きや前例のない事態は突発的に起こりうるからです。

そのときの僕は、なんとかその質問をクリアすることができました。こうしていよいよ憧れのウォール街で働くことになったのです。

世界恐慌レベルの大暴落から何を読み解くか?

ところが、自分の思惑通りにすべてのことが進むわけはありません。それは投資も人生も同じです。

前述のように、入社した翌年にリーマン・ショックが起きました。おそらく、入社したときがダウ・ジョーンズのマーケットの価格が最高値だったかもしれません（図表7参照）。そんなタイミングで起きたせいで、リーマン・ショックの話が出るたびに、「お前がモルガン・スタンレーに入社したから株が大暴落したんだ」とよくからわれていま

図表7 **リーマン・ショック前後の ニューヨーク平均株価の推移（終値）**

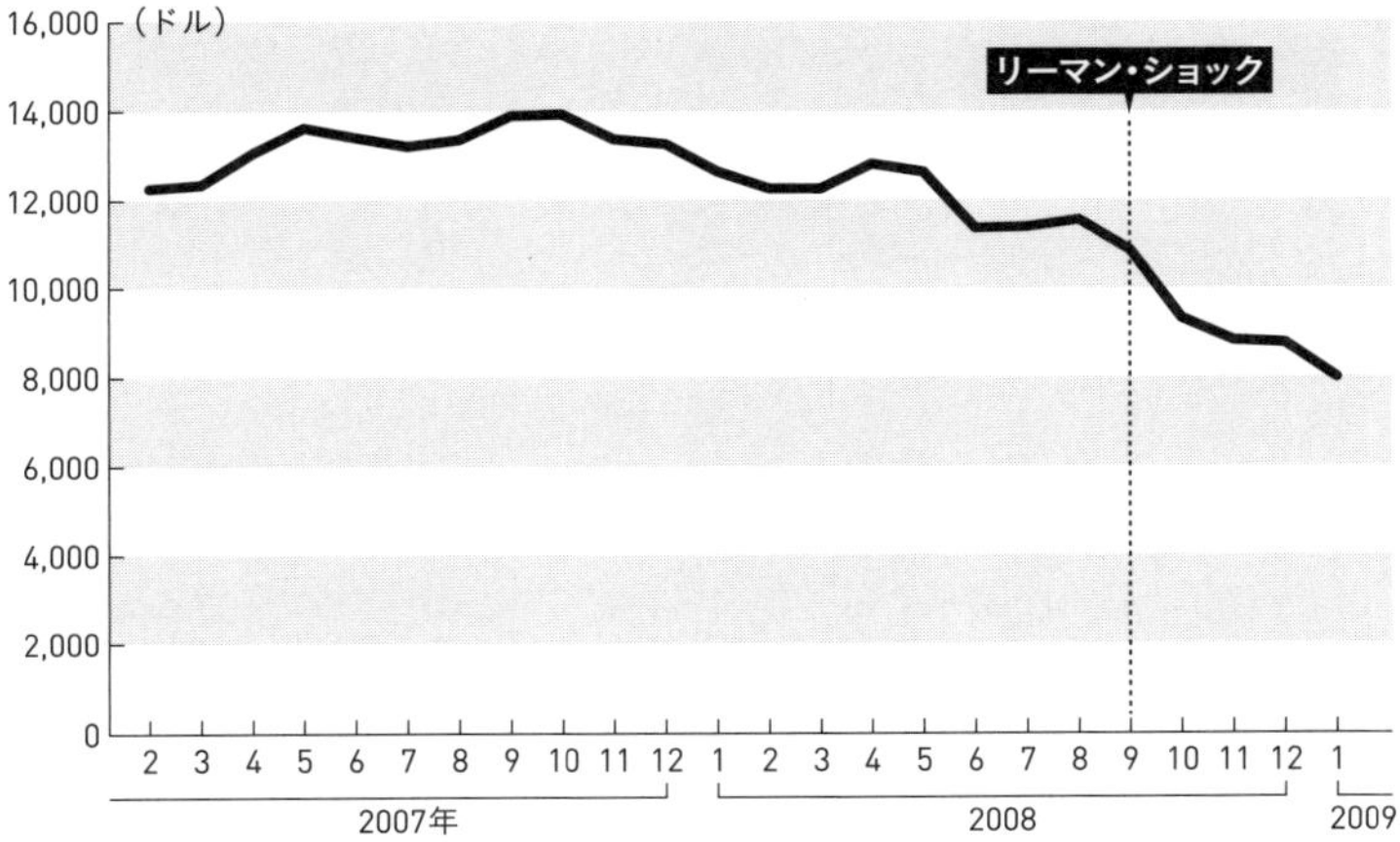

した。

世界中に衝撃を与えた出来事として、みなさんもご存じだとは思いますが、リーマン・ショックとは、2008年9月15日にアメリカの証券会社で第4位を誇っていた大手投資銀行のリーマン・ブラザーズが経営破綻（負債総額64兆円）したことに端を発する世界の金融危機のことです。

この金融危機によって、日本でも株価が暴落し、生産受注の激減や在庫の増加、非正規雇用者の雇止めなど急激な景気後退が起きました。

この金融危機の根本的な原因は、リ

ーマン・ブラザーズの経営破綻により、投資銀行をはじめとした金融機関の資金調達が困難になったことです。金融機関の含み損がかつてない勢いで増大し、これまで市場に資金を供給していた金融機関が資金回収に回ってしまいました。

資金調達ができなくなった投資銀行をはじめとした市場参加者は、資金調達をするために資産の投げ売りを行います。その結果、全世界的に資産価格が暴落するという金融危機を招いてしまったのです。

リーマン・ショックはニューヨーク金融界を襲います。モルガン・スタンレーはタイムズスクエアにあったので、僕は毎日出社するたびに、近隣のいろんな会社が潰れていくのを目にしました。

会社の苦境は僕たちの給料やボーナスにも反映されましたが、それだけでは済みませんでした。僕の同僚や友人が次々と解雇されていくのです。

お金持ちになりたいと思って努力を重ねた末にようやく入社したのに、入社して1年で、そんなことを言っていられないような悲惨な状況になってしまったのです。

僕たちの人生には、自分の予想をはるかに超える出来事がいくらでも起こります。

2020年に始まったコロナ禍もそうでしょう。

心が折れそうになりますが、こんなときに大切なのは、その最悪の状況のもとで自分は何を考えるのか、ということなのです。

安心＝損の回復をしようとする脳

絶対に勝てるという読みで投資を行ったのにもかかわらず、実際はその読みが外れたとします。そんなとき、あなたはどのような行動を取るでしょうか。

これは、安心だった状態から、いきなり危険な状態に突き落とされるような感覚です。こうしたときに僕たちの脳は感情に支配されてしまいます。すると多くの人は、安心な状態に戻そうとします。つまり、焦って合理的な判断をおろそかにしてしまうことになるのです。

ニューヨーク、ロンドン、ドバイ、シンガポール、ジャカルタ、ホーチミン……。世界のいろいろな場所で、僕は多くの投資家と出会い、現在も交流が続いています。文化や経済状況、お国柄などの異なる彼らに聞いてみても、損をした人が次の行動で選択しがちなのが「回復」だと口をそろえて言います。ところが、こうした回復のための行動も、一歩間違えれば大きな損失を出すことにつながってしまいます。

これまで何度かお話ししてきましたが、投資は心理的なものに影響される部分が非常に大きいのです。なぜかというと、投資の決断をしているのが、言うまでもなく自分自身だからです。**ある情報に基づいて、行動を決断したり継続したり中止したりするのには、脳の感情をつかさどる部分が必ず関わることが、数々の脳の研究によって明らかにされています。**

つまり、投資という行動をコントロールするには、感情という要素が切っても切れないのです。ここで話を戻すと、要は、失敗してもすぐに回復を目指そうとしないほうがいいということです。

たとえば、あなたがモルガン・スタンレーでリーマン・ショックに遭ってしまった僕の立場だったら、どういう行動を取るでしょうか。

一所懸命努力をして、最も効率の良い「運用先」に自分を預けた途端、思いがけない事態が起きて、給料やボーナスに良くない影響が出たり、同僚が次々と解雇されたりする状況を目の当たりにすることになったのです。

損をなんとか回復するために、会社に何がなんでもとどまって努力を重ねる、という方法も考えられたかもしれません。しかし、僕はそうはしませんでした。

それは、投資のときに活用する「ボラティリティ」を見ていたからです。

「リスク」の本当の意味

ボラティリティ（Volatility）とは、一般的に変化の度合い、価格変動の度合いを示す言葉で、リスクそのものを表現する言葉でもあります。


たとえば、ここに市場で取引されているAとBという株があるとします。これらは、日々値動きがあります。仮にA株とB株に1万円ずつ投資したとしましょう。A株は1株100円なので100株、B株は1株1000円なので10株です。

そこで、A株もB株も、それぞれ20円上がった場合、A株は100株もっているので2000円の潜在的な利益が出ることになります。B株は10株しかないので、200円の利益にしかなりません。同じ1万円の投資で、20円の値上がりなのに利益が10倍も異なってしまいます。

投資家は、いろいろな投資対象を比較するときに、単なる価格の変化だけではなくて、価格の変化率にも注目します。元の株価に対してどのくらいの割合で値上がりしているのかを見ていくのです。

先ほどの例で考えてみましょう。A株は20%上昇したので変化率は20%です。一方、B株は2%の上昇だったので変化率は2%になります。変化率で比較すれば、どちらが高い収益を出すのかを判別しやすくなります。

実際に投資をする場合には、過去5年間など一定期間の株価の変化を元にした平均変化率などが使われることになります。これは、期待収益率と呼ばれることがあります。

ボラティリティとは、この変化率の平均がどのくらいの範囲に散らばっているのか、そのばらつきを表しています。これを統計学の用語で「標準偏差」と言いますが、リスクとも表現されています。そして、一般的に価格が大きく変動する可能性が高くなればなるほど、リスクは高くなると考えられています。

ハイリスク・ハイリターンの金融商品は高い収益を見込めますが、一方で価格の変動率も大きいので、マイナスになる振れ幅も大きくなります。

図表 8　金融商品ごとの価格の変動幅

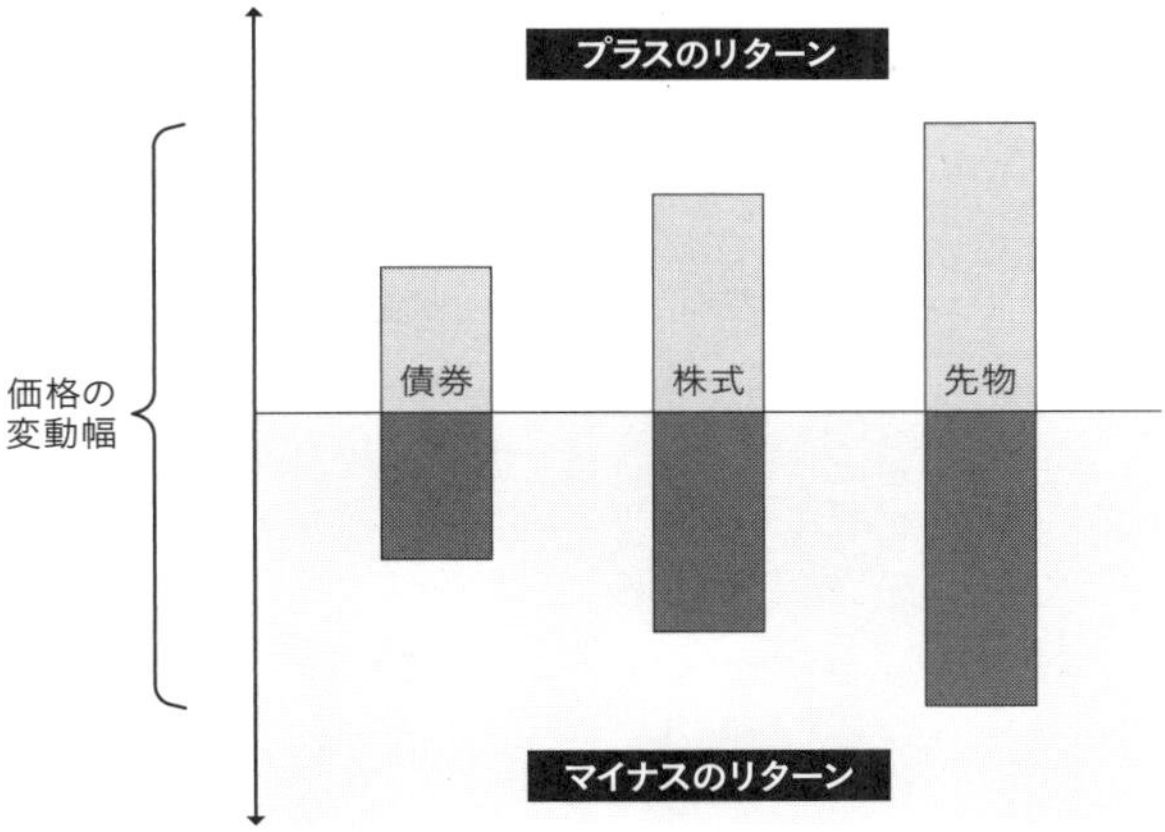

一方、ローリスク・ローリターンの金融商品は、低い収益しか見込めませんが、マイナスに振れる幅も低い（価格の変動率が小さい）ので、損をする可能性は比較的小さくなります。

リスクというと、多くの人は自分がもっている金融商品の価格が大きく下がると考えがちです。たとえば、株価が下がるというのをリスクと考えます。

しかし、リスクの本当の意味は、平均の変化率（収益率）を基準としたときに、それと比較して変化が大きすぎる状態をいいます。つまり、マイナス方向の変化だけではなく、変動幅が大きく、大きなプラスになる場合もリスクなのです。

このリスクの考え方は、そのまま人生にもあてはまると思いませんか。

リーマン・ショックからチャンスを見出す

リーマン・ショックはまさに歴史的な大暴落で、ニューヨークダウ平均のボラティリティはものすごい高さになっていました。価格変動が高いということは、マイナスに大きく振れたら、プラスに大きく振れる可能性もあるということです。つまり、今まで以上に稼げるチャンスが絶対にあるタイミングだと判断できるのです。

今、目の前の状況がどんなに暗くても、この先大きく伸びるチャンスがあるということです。だからこそ、早まって安心感を得るための行動をしないほうがいいのです。

すぐに取り戻さなければという焦りがあると、論理的に思考する能力がなくなって、あまり考えずに新しいものに投資をしてしまいます。すぐに買い戻して、痛みを消したいと思うのです。

そんなことをするのはしろうとでは、と思うかもしれませんが、実はプロの場合でも普通に起こります。それは、先ほども説明したように、心理的なことが原因となるので、プロでも避けられないことがあるのです。

何よりもまず、短期的ではなく長期的に考えることが大切です。生き延びるために、倒産しないために、損を取り戻す機会は、この先にも必ずあると信じてください。焦って軽率な判断をするのではなく、冷静に対処することが必要です。

こうしたピンチへの対処についても、投資で大事にすべき意識が、そのまま自分の在り方や進むべき道を考える過程で生きてくるのが、おわかりになると思います。

自分が置かれている状況が、これまでにあまり経験したことがなかったもので、それが原因で苦しくなっている、あるいは、今が自分にとって満足できない、または悲観的になる状況であればあるほど、実はボラティリティが高いのかもしれません。

変化が激しいと、自分にとってのマイナス面ばかりが目につきやすいものですが、一方で、変動幅が大きいということは、プラスの事態も起きうるはずなのです。そういうときには、チャンスが訪れていると言ってもいいと思います。

一見すると希望が見えない状況だからこそ、これまでは存在しなかった自分を生かせる場所があらわれることがあります。自分が得意な分野で大きく自分を伸ばすことができる仕事が見つかることもあります。

たとえばコロナ禍のように社会状況が大きくマイナスに変動したとき、あるいは、職場で昇進に失敗したときなど、不安におそわれて、今勤めている会社に何としてでも居続けたいと思う人も多いでしょう。しかし、同じ会社に勤め続けることにもリスクがあることは前にもお話しした通りです。他に選択肢があるという考えも忘れないでください。

また、もう一つ。景気が悪くなったり収入が減ったりすると、蓄えがほしくなり、持ち金を増やそうという考えが生じます。しかし、そうした不安で冷静さを失い、全くリターンがなく、損をする確率だけが高い詐欺まがいの商法に巻き込まれてしまうことも少なくありません。

まずは心を落ち着かせて、リスクを見極める。焦ることが最も怖ろしいのです。

失敗したら、別の「商品」で再チャレンジする

ボラティリティを考えるには、投資対象だけではなく、投資している自分自身のことも考えなければいけません。自分の選択や行動に大きなブレがあれば、必然的にリスクは高くなってしまいます。

その一つの例として、投資の損失を取り戻そうというときに、多くの人が失敗しがちな、回復のためにも同じ投資対象を選ぶということがあります。**しかしながら、失敗した次の投資は、損した投資対象ではなく別の商品で始めることを、僕はお勧めします。**

なぜかというと、投資対象を変えないと、損を取り戻すことそのものに執着してしまうからです。すると合理的な判断ができなくなります。リスクが高い状態であるのにもかかわらず、より多くの投資をしてしまったり、損失が拡大しているのに損切り（ロスカット）ができなかったりします。

たとえば、国内株で損を出したら、次は国債やＲＥＩＴ（Real Estate Investment Trust：不動産投資信託。投資家から資金を集め、ビルや商業施設、マンションなど複数の不動産を購入し、そ

の賃貸収入や売買益からコストなどを差し引いたお金の中から投資家に分配金が支払われる商品）を選ぶ。また商品への投資を検討するのもいいかもしれません。

もちろん、自己投資でも同じです。今現在働いている会社や仕事内容が合わないと感じているのであれば、そのままとどまって、その満たされない気持ちを払拭する機会を狙うという方法もありますが、他にもさまざまな選択肢を僕たちは持っているはずです。労働の対価としてお金をもらうという発想に固執せず、株式投資や商品に投資するのもいいのではないでしょうか。

前にも書きましたが、複数の収入源を持つのも一つの方法です。たとえば、このまま会社にいてもキャリアアップができず、収入も伸びそうにないのであれば、その会社に固執することはありません。スキルを生かして、新しく副業を始めるのもいいかもしれません。会社という枠から外に出て自分のスキルを客観的に見直すことで、新しい発見もあれば、今の自分に本当に必要なこと、何をすべきなのかが見えてきます。

自分が執着してきたものとは別のもので回復を試みる。そうすれば、合理的に判断することができて、より運用効率の良い場所に自分を投資することができるはずです。

僕が高収入を手放してでも選んだ運用先

では、僕はどのような選択をしたのか？　結論から言うと高収入の会社を辞めて、ほとんど給料がもらえないヘッジファンドへ身を投じました。プロローグでもふれましたが、このことについて、さらに詳しくお話しします。

ニューヨークのウォール街では、『トレーダーズマガジン』という雑誌が発行されていました。市場の分析やウォール街の有名なトレーダーを紹介する雑誌なのですが、あるとき紹介されていた記事で、30歳以下のトップトレーダー30人のうち3人が同じヘッジファンド会社に所属していました。それを読んで、僕はそこに転職しようと決めたのです。

株式市場の下落局面は、ボラティリティで大きく稼ぐヘッジファンドにとって、まさにビジネスチャンスでした。そのときの僕は、投資の世界について、まだそれほど理解できていたわけではなかったのですが、これほど激しく市場が下がっているときには、何かチャンスがあるはずだと考えました。そして、これを逃したくない。だから会社を辞めたのです。

僕はリーマン・ショックをチャンスだと思いました。そのとき働いていた会社で自分を運用するのではなく、別の会社を運用先として選んだのです。

ヘッジファンド会社への転職を決めたとき、僕は同僚や友人に強く反対されました。周囲から見れば、非常にハイリスクに見えます。リーマン・ショック後で経営が苦しくなっているとはいえ、有名な大手投資会社にいさえすれば同年代よりも高くて安定した収入が得られます。

ところが、ヘッジファンドに行けば、給料はゼロに近く、完全な歩合制になります。しかも、能力がなければ会社を辞めざるを得なくなってしまう可能性もある。

しかし、僕は自分の執着を断つためにも会社に自分を投資するのではなく、さらに自分の投資効率を高めたいと思って、ヘッジファンドへの転職を決めたのです。

有名な格言に「コップの水理論」というのがあります。経営学者のP・F・ドラッカーが『イノベーションと企業家精神』(日本語翻訳版は上田惇生訳　ダイヤモンド社　2007

年）の中で述べた理論です。コップの中に半分の水があるときに、「もう半分しかない」と見るか、「まだ半分ある」と見るかによって、とるべき行動も変わってくるということです。**成功する投資家は、物事に希望を見出します。そしてその希望を最大化できるのが成功する人なのです。**

ヘッジファンドへの転職を決めたものの、転職活動は厳しいものでした。3～4回の面接を繰り返し、最終面接は社長でした。その場で、社長から「君を採用することはできない」と告げられました。

これが意味するのは、「交渉をしてみろ」ということ。そこで、僕は全力の交渉をして採用を勝ち取ったのです。

利益追求より、リスクを徹底して避ける

ここで、僕が転職したヘッジファンドについて、簡単に説明をしておきましょう。

ヘッジには「リスクを回避する」という意味があります。このリスクには二つの意味

があります。一つは、先ほど紹介したボラティリティで、変動するというリスク。もう一つは将来の不確実性です。こうした資金運用に対するリスクを回避するための仕事がヘッジファンドです。

ファンドには「基金」や「資金」という意味があります。直訳すれば、リスクを回避するための基金（資金）ですが、一般的に、資産運用のための金融商品を運用する会社ということになります。

ヘッジファンドの概念自体は、20世紀半ばにアメリカで生まれたと言われています。元コロンビア大学教授でフォーチュン誌の記者だったアルフレッド・W・ジョーンズが、「ロングポジション（買い）」と「ショートポジション（売り）」の両方を持つことで、相場が上がっても下がっても損をしないリターンを目指す投資手法を考えたというのがヘッジファンドの始まりとも言われています。

２０２１年3月に発表された日興リサーチセンターの「ヘッジファンド概況（２０２１年1月）」によると、２０２１年1月末のヘッジファンドの運用残高合計は2兆２２４０億ドル（約２３５兆円）にも上ります。ファンドの規模は小さいもので５００万ドル程度ですが、５００億ドルを超える大きなものもあります。

ファンドには、公募ファンドと私募ファンドの2種類があります。前者は不特定多数の投資家から広く資金を募って運用するもので、一般の個人投資家でも購入することができます。

一方、後者は機関投資家や富裕層など限られた投資家から資金を募って運用するものです。ファンドの一口あたりの最低投資額が高く、億単位のファンドもあります。私募ファンドの代表的なものの一つがヘッジファンドです。

僕が入ったヘッジファンド会社は、パフォーマンスが上がれば、より多くの報酬を手にすることができますが、パフォーマンスを出せなければ、解雇になるか最低限の給料しか与えられません。パフォーマンスが低ければ、世界的にも家賃が高いことで知られるニューヨークでは家賃さえ払えないのです。

三〇人の新人トレーダーが同期入社しましたが、僕が辞める前に会社に残っていたのは僕を含めて二人だけ。それだけ厳しい世界なのです。

僕はトレーディング部門に配属されました。しかし、入ったばかりでしたから、資産運用に詳しいわけではありません。そこで僕は社内で最も稼いでいる優秀なトレーダーを社長に紹介してもらい、日本流に言えば、弟子入りして、仕事をしながら技を見て学ぶことにしたのです。

僕がトップトレーダーから学んだのが、裁定取引でした。裁定取引とは、これまでも紹介した通り、同じ商品が違うマーケットで取引されていて価格が違う場合、安いものを購入して、高いものを販売することです。コンピューターで理論価格を出して、理論価格よりも高いとそれを売却し、低いとそれを購入します。

そして、僕のメンターが教えてくれたのは、利益を確定するよりもリスクを避けることのほうがより重要だということです。リスクを避けられれば、自動的に利益は得られる。つまり、将来の不確実な変動幅を減らすことを優先しなさい、と。

変動幅が大きいときはチャンスもあるかもしれないとお話ししましたが、何をするにしても〝不確実な〟変動幅は少ないに越したことはありません。

分散でリスクは減らせる

分散がリスクを減らすことは、以前から経験的に知られていました。そして、ノーベル経済学賞を受賞したハリー・マーコヴィッツが発表した「ポートフォリオ理論」によって数学的にも証明されたのです。

たとえば、コインを投げて表が出たら掛け金が3倍になるけれど、裏が出たら没収される賭けがあるとします。この賭けで100万円の資金を増やすことを考えます。1回の賭けで全額投資する場合、コインの表が出れば300万円になります。しかし、裏が出たら全額失ってしまいます。確率は50%で非常に高いリスクです。

ところが、1万円ずつ分けて賭ければ、大きな収益は望めないかわりに、確実に利益は上がります。100回コインを投げれば、何度も繰り返すと本来の確率に近くなる「大数の法則」によって、50回が表で50回が裏になる確率が高いからです。50回が表であれば、1万円×3（倍）×50（回）＝150万円になります。裏が出て没収されるのは50万なので、100万の資金は減りません。

このように1回に賭ける金額や回数を分散することで、収益も低くなりますが、リスクも下げることができるのです。

ちなみに、1952年にマーコヴィッツが発表したポートフォリオ理論を書いた論文では、1ドルの資金をコカコーラ社の株に0・8ドル、残り0・2ドルをハイリスク・ハイリターンの株に投資すると、コカコーラ社に1ドルをすべて投資するときよりも収益率が上がって、リスクが下がることが数学的に証明されています。

リスクのある投資対象を組み合わせると、得られるリターンが低下する代わりに、リスクも低下します。投資対象を分散したり、投資する回数を分散したり、投資を多様化することでリスクを回避（ヘッジ）することができるのです。

戦略的なリスクヘッジは、お金の投資に限らず、意識的にするようにしてみてください。一つのことに集中して全力でやれとか、弱腰だとか言う人も周りにいるかもしれませんが、分散は〝生き残り〟に不可欠なのです。

心理的マインドセットで回復を信じる

一方、将来の不確実な変動幅を減らすためには、投資している自分自身の内面的な変化にも敏感でなければなりません。動揺していたら得られる結果もリスクが高くなるからです。

だからこそ、失敗にとらわれずに感情をコントロールする、これに尽きるのです。

アメリカでは、運用収益がトップクラスのヘッジファンドの中のトップのファンドマネージャーは、誰もが心理学の専門家を雇っています。僕が入社したヘッジファンドにも顧問の心理学の専門家がいました。

トレーダーが動かすお金は、何十億円、何百億円という規模です。このような大きな額の利益を上げたり損をしたりすることは、想像以上に心理的な負荷がかかるのです。僕も、怒って自分のパソコンを壊したり泣いたりするトレーダーを見てきました。

こうしたときには、「大丈夫、また回復できる」とマインドセットをすることが重要です。自分自身を、冷静に、信じるのです。そのためには、何よりもまず、身体を労わる。心と身体はつながっていることは、言うまでもありません。

僕もこのことは、すべての基本だと思っているので、とても気を付けています（健康については Chapter8 でさらに詳しくお話しします）。なかでも、睡眠と食事をおろそかにしません。睡眠時間が少し減っただけで、翌朝の体調がいつもどおりでなくなってしまいますし、自分の口に入るものを管理できるように、食事は自炊が基本です。

いったん乱れた生活を、元に戻すことは容易ではありません。**そして、生活が崩れていくと、心理状態も崩れていくものです。**自分の身体を良い状態に維持するために、生活はすべての土台だと考えることが何より大切だと思います。

Chapter

4

ライバルに勝ち抜くための「統計学的思考」

Statistical Thinking

ウォール街で勝ち残るための統計学的思考

この章では、さらに自分を投資するための知識をご紹介していきます。

投資の世界はゼロサム社会です。誰かが勝てば、誰かが同じ分だけ負けています。競争の激しい社会では、自分にとって有利な情報を制したものが勝ちます。**世の中には、さまざまな情報が飛び交っていますが、重要なのは、その情報のもとになっているのがどのような事実なのかを知ることです。**そのときには、まずは感情に左右されることなく冷静に現実を見つめる、そして結論を急がない。これがポイントです。

そして、情報の見極めと同じぐらい大事なのが、統計学的思考です。これから投資する対象がどのようなリターンを生むのか、その未来を考えるために必須です。正しくデータ分析をする力は、自分の投資効率を大きく上げることを可能にするでしょう。

問題の原因を一つに絞らない

さらに、もう一つ大切なのが、論理的な思考力です。

情報の中には、悪意の有無にかかわらず、事実と違うもの、誤っているもの、偏りのあるものなどが存在しています。そうした情報をすべて正面から受け止めると、自分の判断が惑わされてしまうことがあります。これを避けるためには、情報を取捨選択することが必要になります。その場面で力を発揮するのが、論理的な思考力です。

たとえば、情報を取捨選択するとき、ある問題の原因が一つしかないと考えてしまうことがよくあります。具体的に、次の事例でイメージしてみてください。

ある病気の治療には、「服薬」「マッサージ」「食事」という三つの要素があるとします。実際には、症状を改善させるには、この三つを組み合わせる必要があるにもかかわらず、ある食品メーカーが自社商品の宣伝に「これを食べれば、症状が改善する」というメッセージを使ったとしたらどうでしょう。その商品を食事に加えるという行動だけで、病気が治ると考えてしまう人が出てきてしまう可能性があります。

その食品メーカーに悪意がなく、実際に、その商品が治療に役立つ一つの要素であることに間違いはないとしても、それだけで治るわけではありません。

このように問題の要因を一つだと捉えると、わかりやすかったり、手早く安心が得られる（解決した気になれる）一方で、問題の本質を見誤ったり本来の解決に至らないままになってしまったりすることが少なくありません。

ある問題を解決しようと考えるときには、ボトルネックになっている一つの問題だけを探そうというのではなく、その問題を構成している要因は複数あるはずだと仮定して、問題を分析してみましょう。一見遠回りで手間がかかるように感じられますが、そのほうが本当の正解に行き着く可能性が高いのです。

見当もつかない問題の答えを出す

ウォール街の金融機関やヘッジファンドの入社試験では、Chapter3でお話ししたゴルフボールの例のように突拍子もない問題がたびたび出されました。こうした問題は、コンサルティング会社や外資系企業などでよく見られるものだそうですが、出題の意図は論理的かつ科学的な思考力があるかどうかを見ることです。

実際に調査するのが難しいとらえどころのない問題を、いくつかの手がかりで論理的に推論する方法を「フェルミ推定」と言います。ノーベル物理学者のエンリコ・フェルミがこの問題を解くのを得意としていたことに由来するそうです。

フェルミ推定でよく知られているのが、「アメリカのシカゴには何人のピアノ調律師がいるのか?」という問題です。途方に暮れてしまう人も多いかもしれませんが、次のように考えると、解決の糸口が見えてくるのです。

1 アプローチの方法を考える

ピアノ調律師の人数はピアノの台数と強い関係があると仮定します。そうすると、ピアノの台数を推定すれば、調律師の人数を推定することができます。

キーワードになるのが調律回数です。

①シカゴにあるピアノの台数
②そこから1年間の必要調律回数
③調律師一人が1年で調律を行う台数
この順番で推定します。

2 三つのモデルから数を推定する

次に三つのモデルから、それぞれの数を推定します。

①シカゴのピアノ台数＝シカゴの人口÷世帯当たり人数×ピアノ保有世帯率
②1年間の必要調律台数＝ピアノ台数×年間必要調律回数
③調律師一人当たり年間調律回数＝1日当たり調律台数×年間稼働日数
最終的に、①×②÷③で、調律師の数を推定します。

計算した答えが実際の数値に近いことも重要なのですが、それ以上に重要なのは考え方です。**どうやって答えに行き着いたのか、その思考法そのものが問題解決力につながります。**

ビジネスの現場でも一人の営業マンが年間に客先をどれだけ訪問するかという数を推定したり、月曜日にある商品を購入する人の購入数はどのくらいか調べたりするなど、その場で概算をして推定できれば、問題が解決しやすくなります。

もう一つ、例を挙げましょう。

厚生労働省は「都道府県別の犬の登録頭数と予防注射頭数等」を毎年発表しています。これによると、平成25～30（2013～2018）年の全国の狂犬病の予防接種率は70％前後ですが、自治体によっては5割を切るところもあります。狂犬病はひとたび人間に感染すると死にいたる恐ろしい病気で、予防注射は飼い主に義務づけられているのですが、狂犬病への関心や危機意識が低下し、接種率が減少しているようです。

さて、この接種率はどのように計算したのでしょうか。予防接種を受けた犬の総数は動物病院の受診状況や薬剤の出荷数などを調べれば把握できそうですが、日本にいる犬の総数がわからなければ接種率は計算できません。

ペットショップで売買した犬の総数ならわかるかもしれません。しかし、近所で生まれた犬をもらったり捨て犬を育てていたりする場合もあり、総数の把握は難しそうです。では、厚生労働省の発表データはどのように調べられたのでしょうか。

カギとなったのは犬の餌です。ドッグフードの消費量を調べれば、ある程度の犬の総数を推測できます（市販の餌ではなく、自宅で手作りの餌を用意しているケースもありますが、ここでは、概数を把握するという意図で考えます）。

このように、何をどう調べればいいのか見当がつかない問題も、アプローチの仕方を変えることで正しい解答が導かれるケースがあります。

データの比較で真実がわかる

僕たちが得られる情報は、知り合いから聞いたもの、テレビで見た話、雑誌やウェブサイトで見かけた記事などさまざまです。そこで得た情報を自分なりに解釈して日々の行動を決定するときの、一つの材料にしている人が多いのではないでしょうか。

しかしながら、その情報をうのみにする前に、それらの情報がどのくらい真実に基づ

図表9　開業率の国際比較

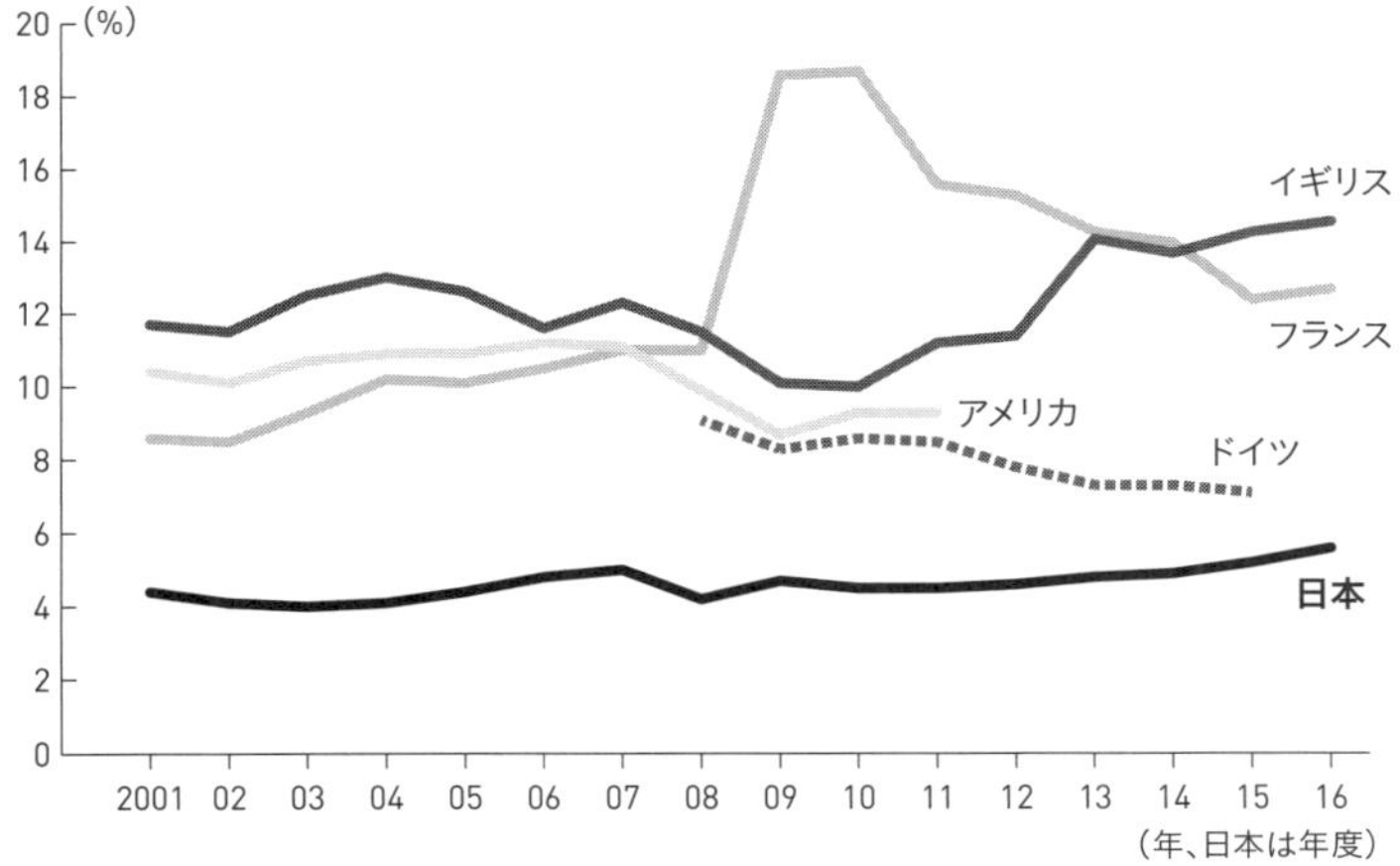

日本のみ年度ベースで、それ以外の国は年ベース。国によって統計の性質が異なるため、単純に比較できない。
中小企業庁「中小企業白書」掲載の第1-2-6図「開廃業率の国際比較」を参考に作成。

いているかという視点でいったん考えるという習慣をつけることをお勧めします。

その作業に必要となってくるのが、統計学的な思考です。といっても、そんなに難しく考えないでください。

みなさんにまず試してみてほしいのが、表やグラフなどのデータがついている記事を読むときに、文章ではなく、先にデータから読むことです。データを先に見てから文章を読むと、記事に書かれていないことまで見えてくるからおもしろいのです。

一つ、具体的な例で説明してみま

図表10 **OECD加盟国における就業者に占める自営業率**

順位	国名	自営業比率(%)
1	コロンビア	50.1
2	ブラジル	32.6
3	メキシコ ギリシャ	31.9
5	トルコ	31.5
6	コスタリカ	26.6
7	チリ	25.8
8	韓国	24.6
9	イタリア	22.7
10	ポーランド	20.0
⋮		
30	**日本**	**10.0**
⋮		
39	アメリカ	6.9

ウェブサイト「OECD Data」の「Self-employment rate」の2019年のデータをもとに作成。

す。日本では起業家が少ないという記事をよく見かけます。たとえば、前のページの図表9は2017年の中小企業白書で発表されたデータです。開業率の国際比較を見てみると、日本よりもアメリカやヨーロッパの開業率のほうが高いことがわかります。

ところが、別のデータも調べてみると、さらに別のことがわかってきます。

図表10をご覧ください。アメリカは起業家精神に溢れていて、起業家も多いとされていますが、OECD諸国の自営業率（2019年）で見ると、第1位はコロンビア（50・10%）なのです。

日本は30位（10％）で、アメリカは39位（6・90％）です。

どうしてこういうデータが出てくるかと言うと、ラテンアメリカの中でもコロンビアは特に失業率が高く、ほとんどの就労者が失業と共に自営業者になる確率が高いから自営業率が高いというわけです。

コロンビアは就労したくても就労できないという事情が自営業率を高めているのです。

まず、あるデータを見たときに、そのデータ一つだけで判断せず、関連する別のデータを探してみます。

さらに、その数字の背景を知ることで、データが何を表しているのかを正しく理解することができるのです。

統計データと言われると、苦手意識を持つ人が少なくないかもしれません。しかし、少し我慢して、あまり難しく考えずに、何か自分が関心のあるテーマの記事についている図表を見てみてください。

そして、ネット検索でかまいませんので、それと関係する別のデータを一つでいいので探してみます。

その二つのデータを単純に比較するだけでも、記事の文章を読むだけでは見えなかったものが見えてきますし、見方が変わる可能性もあります。

一度、これを体験すると、データを見るおもしろさがわかります。そして、データが付いている記事では、まずデータから読むようにすると、問題の核心が浮かび上がってくることも多々あるように思われます。

情報をテクニカルとファンダメンタルから捉える

僕は情報を、テクニカルとファンダメンタルの両方からとらえるように心がけています。一般的な投資の世界では、テクニカルといえばチャート分析のことを指し、ファンダメンタルといえば、業績やマーケットの分析、財務分析などの企業分析のことを指します。この二つの面から投資する対象を見ることで、有望な投資先なのかどうかということを判断していくのです。

この考え方を僕は自己投資にも応用しています。

もちろん、あくまでもイメージに過ぎませんが、統計的なデータ分析はテクニカルとしてとらえ、人に話を聞いたりして、その情報をもとに分析することをファンダメンタルと呼んでいます。必ずこの二つの方向から見ることが重要だと考えています。

一次情報と二次情報の概念とも似ていますが、この二種類の情報を意識することで、より多角的に分析できますし、自分で一次情報に当たっていれば、他人や多数の意見に振り回されることなく冷静な思考ができるのです。

僕の「逆張りの戦略」には欠かせないものです。

変化の予兆を知るチャート・シンキング

チャートとは、過去の値動きのデータをグラフ化したものです。特に値動きが大きい金融商品を短期で売買する際には、チャート分析を必要とします。

チャートで何を見るのかというと、価格が上昇から下降に変わるタイミングや、一方で下降から上昇に変わるタイミングで、それを分析しているわけです。目に見えない相場の動きを目に見える形にしているのがチャートということになります。

このチャート分析の考え方自体は、何も金融商品を対象とした投資に限らず、自己投資でも活用することができます。

新型コロナウイルスの感染が拡大してきた2020年5月に、有名な投資家であるウォーレン・バフェットが、所有していたアメリカの航空株をすべて売却したことが話題になりました。バフェットの総資産は800億ドル。日本円で8兆円にもなります。

バフェットの投資方法は、誰もが知る有名な株を長期的に保有することで知られています。この衝撃的なニュースによって、偉大な投資家が航空株を売るということは、もはや飛行機で移動する時代は終わったと多くの人が考えました。

しかし、僕は反対に、アメリカの航空会社のETF（上場投資信託）を購入していました。このため、YouTubeではコロナ禍で航空業界が厳しい状態に置かれているのに、なぜ購入するのかというコメントがたくさん寄せられました。

航空株のETFに投資した理由は、チャートを分析した結果、月単位の中(短)期的には上がると考えたからです。実際に投資に成功し、大きな利益を得ることができました。

詳しく知りたい方はYouTubeでこちらをご覧ください。

★Dan Takahashi高橋ダン－日本語チャンネル

「バフェットVS高橋ダン⁉ 航空株バトル⁉」(2020年6月9日)

https://www.youtube.com/watch?v=LMaBCtu-cVA

ある流れが変わるときというのは、変化の予兆が現れます。チャートを見ていれば、その予兆を目で見て知ることができますが、チャートを見なくても流れの変化は予想できます。

前述のバフェット氏が、航空業界にとって「世界は変わった」と述べ、保有していたアメリカの航空株をすべて売却した出来事のインパクトは非常に大きいものでした。

短期的には多くの人がバフェットの判断に影響を受けて売りに走るかもしれません。しかし、その一方で、航空業界は重要なインフラであり、政府の支援も期待できるので、すぐには破たんしないだろうから買おうという人も出てくるでしょう。そういう人たちは少なからずいるので、いずれ価格が戻るタイミングが来ると予測できるのです。

人生のリスクを高める人の五つの特徴

これまでお話ししてきたように、リスクとは不確実性の高い変化の幅のことを言います。マイナスに振れることもありますし、逆にプラスに振れることもあります。人生で考えたとき、この振れ幅が大きすぎると苦労をすることがあります。ここでは、人生のリスクを高めてしまっている人の特徴を五つ挙げてみます。

1 リスクに対する情報と知識に欠けている人

一つ目の特徴は知識や情報を持っていないことです。すると、どんな行動に出るか。大体のパターンでは他の人に依存してしまいます。自分で判断せず、他人の意見で重大な決断をしたり、たくさんのお金や時間を投資したり。「他人から聞いただけ」という浅い情報のみを自分の行動の判断材料にするのは避けたほうがいいと思います。

多くの人がいいと言っているから、上司がやっているから、信頼している人から強く勧められたからではなく、自分で調べて納得してから、その情報を使ってください。

また、その情報が自分の状況に合っているかという見極めも必要です。お金の投資で言うと、たとえば子どもの教育費に大きなお金がかかるのに、リスクの高い投資をすれば、自分のリスク許容度をはるかに超えてしまいます。

「いい情報だ！」と飛びつかず、まずは、自分の生活スタイルや大事にしていること、生き方や性格や体質などを情報と照らし合わせることを心掛けましょう。

2 落下中のナイフをキャッチしようとする人

手から離れて落下するナイフが地面や床まで落ち切らないうちに、途中でつかもうとすれば、多くの場合、手に怪我をしてしまうでしょう。もちろん、これはたとえですが、人生のリスクを高めてしまう人は、落下中のナイフを、とっさにつかもうとします。

つまり、人は「なんとかしなければ」という焦りの感情に支配されてしまい、冷静に考えれば傷を負うことがわかるのに、元の状態に戻そうとする心理が勝ってしまうという特徴があります。損したものをなんとかして焦って取り戻そうとするのです。

「コンコルドの誤謬《ごびゅう》」と呼ばれる心理があります。損失を回避したいと思う気持ちが強くなって、いったん投資したものに対して、損がわかっているのに投資し続けるという行動パターンです。

1969年に初飛行を成功させたイギリスとフランスが共同で開発に携わった超音速旅客機コンコルドは、開発の途中で完成しても採算が取れないということがわかりました。ところが、それまで投資した開発費が巨額だったため、そのまま投資し続けた結果、赤字がさらに膨らんだ、ということです。

問題を大きくしないためには、焦らず、立ち止まって冷静に現状を分析してみることが大切です。

これは普段の仕事でミスをしてしまったときでも、人間関係で問題が起きたときでも同じなのです。

3 ダブルダウンする人

これは少し2と似ています。投資の世界では、一度投資に失敗している商品や銘柄に、価格が下がったからといって何度も投資することを「ダブルダウン」と言います。

もともとダブルダウンは、ギャンブルのブラックジャックから来ている言葉で、投資の世界では「危険な状態にあるときに、さらに危険な行動をとること」という意味で使います。

自分の読みが外れているにもかかわらずさらに投資をするのは、損失回避の心理から来ているのですが、回避するどころかさらに損失が増える可能性があります。最初にリスクを考えたうえで投資を始めているはずです。ところが、予定外の投資をすることで、予想できないリスクが大きくなってしまうのです。

負けている商品に集中して、さらなる投資をするのは非常にリスクが高い行動ですがなんとかして損失を回避しようと思ってしまったことがリスクを拡大させてしまうのです。

このような損失回避の心理を抑えるためにも、僕は投資をするときはメンタルの状態に気を配ることがとても重要だと考えています。ストレスを溜めないようにして、落ち着いた状態を保つ。基本的なことですが、実際はそれほど容易ではありません。

人生も同じです。自分の思い通りにならないからといって、自暴自棄になったり、てっとりばやく挽回しようとして、リスクの高い選択肢を取る人がいます。

しかし、自分がコントロールできる範囲を超えてしまった状況で、感情のまま運命に委ねてしまうと、自分の望み通りの人生とは程遠いものになりかねません。

では、失敗をしたら、どうすればいいか。こういうときには投資の世界では損切りをします。たとえば、25ドルで購入して自分の読みと違った場合、24ドルに値を戻したらすぐに売る。そういうルールを自分の中でつくるのです。ロスカットを早くする、そして、リスクを上げてしまうダブルダウンはしないということです。

自己投資においても、回復が見込めない物事や、発展性や進展が全く期待できないことについては、自分のコントロールができる範囲、自分で根拠を持って明確に説明できる範囲にあるうちに、損切りの判断をしてもいいでしょう。

4 整理と秩序がない人

人生のリスクを高めている人には、ルールや信念がないことが少なくありません。パーソナリティにかかわることなので、どうすることもできないと思うかもしれませんが、少なくとも、秩序やルールを持って行動しようと気をつけることはできますし、それで変わる程度は人それぞれかもしれませんが、意識できるかどうかで、確実に変わってくるのではないかと思います。

投資であれば、「株価が下がっているから、今がチャンスだ。買ってしまおう」と考える人がいますが、無計画に衝動的に行動するとリスクは高まり、失敗したときに立ち直れなくなってしまうこともあるのです。

だからこそ、ダイアリー（日記）をつけて、日々考えていることや起きたことをメモしていくことをお勧めしたいです。

たとえば、自分の財産の何％かを株式で持つ、何％を国債で何％を貴金属や不動産などコモディティで持つといった計画を立てて、書いてみる。投資のルールを自分で作って列挙する。

僕が知る限り、自分でリスクを正しく把握して、ルールを決めて投資をしている人は成功していますが、リスクの把握もせず、日々行き当たりばったりの人は大概うまくいっていません。

ウォール街にはアイビーリーグ出身の人も、ハーバード大学を卒業してＭＢＡも取得している優秀な人もたくさんいましたが、一般的に能力が高いと言われる人たちであってもルールがない人は軒並み損失を出していました。

どれだけ投資の知識があったとしても、自分の中にルールがなければ失敗をしてしまうものだというのが僕の経験上の実感です。

5 最大の敵は自分自身

投資における最大の敵とは何でしょうか。実は、それは自分です。

自分のルールがうまくいかずに失敗したとき、自分の失敗を認めるのはとてもつらいものです。しかし、自分がなぜ間違っていたかを理解せずに新たな投資をはじめれば、さらなる大きなリスクが生じます。自分は間違っていないと、失敗の事実否定をすることが一番危険なのです。

ウォール街のヘッジファンドはアスリート出身の人が多いのですが、多くの人が自信過剰気味です。自分に絶対の自信を持っています。

また、今まで投資にたまたま成功している人で頑固な人は、リスクを高める行動に出てしまいがちです。**投資の世界では損をしたらできるだけ早く諦めて次を考えるというのが一番良いのです。**

過去の成功や名声、学歴にとらわれて、何かに失敗したり、うまく進まないことがあったりしても、自分には本当は実力があるのだから、運が悪かっただけで、また次のチャンスを待ってさえすればなんとかなる、やり方を見直す必要などあるわけがないと思おうとすることは、よくあります。

失敗を分析して学び、もっと自分を高めていこうという気持ちになれず、かつて成功した自分のやり方にこだわって、自己投資を怠る人は少なくありません。

間違ったら素直に認めてまた新しくやり直すということ、初心に返って謙虚に物事を見つめることが、自己投資でも大切です。

過去の自分への執着や慢心は、この先のより良い自分にはつながらないと思うのです。なぜなら、僕たちも世界も刻々と変化し続けているからです。

お金は、人生の目標から逆算して使う

僕自身は物にお金をかけることはしません。もちろん、高級時計やハイブランドの服

や靴、高級車などを買うこと自体が悪いとは思いません。価値観は人それぞれだからです。ただ、僕は、そういう物を手に入れて自分の目標が叶えられるか、気持ちが満たされるかというと、そうではないので、そこにお金を使わないのです。それに、税金や維持費などもかかりますし、そういう手続きに使う時間ももったいないと感じます。

一方で自分の目標や夢を叶えるためなら、お金を使うことは惜しみません。これもまた、自己投資の一つと考えます。たとえば、健康維持のために毎日通うジムの会費や身体に良い食材、自分の知見を広めるための旅や本です。

物欲に支配されがちな人は、視点を変えて、自分の人生の目標は何か、もう一度見直すことをお勧めしたいです。目標を明確に意識していれば、自ずとお金の使い道も自分にとって良い方法が見つかると思います。

読む自己投資としての5冊

日本では、本を買わない人が増えているそうですが、自分の人生の糧になるような本を手元に置いておくと、一度読み終えた後でも、ふとしたときに再び読み返すこともできて、人生の友になってくれます。

この章の最後に、僕が文字通りお金を使って購入したお勧めの書籍を5冊、紹介します。僕はすべて英語の原著で読んでいますが、日本語翻訳版が出版されているものは、そちらを紹介します。

『天才数学者はこう賭ける――誰も語らなかった株とギャンブルの話』

ウィリアム・パウンドストーン著　松浦俊輔訳　青土社　2006年

この本は、クロード・シャノンとエドワード・ソープというMIT出身の二人の数学者が株取引やギャンブルに自分たちの確率や統計などの理論を駆使して挑み、一定の成績を上げるというエピソードをまとめた本です。

研究者ならではの視点と探究心に刺激を受けますし、大多数と同じことをしていてはいけないという教えは僕の逆張りの戦略に通じるものを感じました。

『伝説のトレーダー集団　タートル流投資の魔術』

カーティス・フェイス著　飯尾博信＋常盤洋二監修　楡井浩一訳　徳間書店　2007年

こちらも投資をテーマとした本です。全く投資の知識がない人が、株式投資のベテランに手ほどきを受けて投資をしてみたら、どのような結果になるのかということを実験した話です。

『The Blue Zones』

Dan Buettner 著　National Geographic　2010年

こちらは健康に関する本で、僕の日々の生活にとても良い影響を与えてくれました。ブルーゾーンというのは、健康で長寿の人々が多く居住している地域のことを指します。言葉の由来は、ベルギーの人口学者ミシェル・プーランとイタリア人医師ジャンニ・ペスが、長寿者の多いイタリア・サルデーニャ島のバルバギア地方に、青色のマーカーで印をつけたことだそうです。

この概念自体が広く認知されたのは、アメリカ人の研究者であるダン・ベットナーが、2004年からナショナル・ジオグラフィックとチームを組んで世界中の長寿地域の調査をして、新たに四つのブルーゾーンを発見したことによります。ちなみにここには、沖縄も含まれています。

その住人たちには九つの特徴がありました。生きがいがある、ストレスが少ない、食べ過ぎない、適度にお酒を飲む、孤独になりすぎない、家族の絆が深いなどです。僕もこの四つのブルーゾーンを訪れて、長寿のための生活習慣を学んできました。

『サピエンス全史——文明の構造と人類の幸福（上）（下）』

ユヴァル・ノア・ハラリ著　柴田裕之訳　河出書房新社　2016年

日本でもベストセラーになっているので、読まれた方も多いかもしれません。現生人類につながるホモ・サピエンスが、なぜ繁栄することができたのかを歴史という枠にとらわれることなく紹介した一冊です。たとえば、サピエンスの躍進になった爆発的な脳の発達は、この本では認知革命と呼ばれています。これにより、国家や貨幣という想像上の秩序が生まれたと紹介されています。

サピエンスの成長を軸にさまざまな歴史が展開されているという大局的な視点を養うことができて、歴史への関心が強い僕にとって好奇心を刺激される一冊でした。

『マーケットの魔術師――米トップトレーダーが語る成功の秘訣』
ジャック・D・シュワッガー著　横山直樹監訳　パンローリング　2001年

アメリカのトップトレーダー十六人とトレーダーの研究を続けている心理学者一人のインタビュー集です。どのような局面でどう行動し、決断したのか。心理的な描写も優れていて読むだけで頭の中でシミュレーションができる一冊です。失敗を糧にして苦境も乗り越え、成功を手にしていく姿や、法則やルールや原理を見つける大切さ、訓練や努力が報われることを示してくれていることなど、トレーダーに限らず、心に響くと思います。

本で得られた知識や情報は、自分でいかようにも使うことができますし、新しい感情や選択肢、考え方を知ったり、それをもとにして経験を増やしたり、疑似体験によってシミュレーションをしたり、さまざまな目に見えない「運用」ができると思います。

「あなたが本当に欲しいものは何ですか?」。そう聞かれたとき、お店に売っていないものが浮かぶ人生が、本当に豊かなのではないかなと僕は思っています。

Chapter

5

「人間関係」の〝複利効果〟を最大化する

Communication

引越の繰り返しで磨かれたこと

僕は幼い頃は日本に住んでいて、小学生のときに、アメリカに移りました。父親の仕事の関係で、子どものときから何度も転居を繰り返しましたが、引越の多さは大人になって独立してからも変わっていません。その回数は大学を卒業してから現在までで20回を超えています。

そのたびに人間関係も変化していきました。

新しい土地で生活をはじめれば、さまざまな人と出会う機会があります。地域、学校、職場など、すでにできあがっているコミュニティに入っていかなければならないこともあります。わくわくする部分もありますが、当然、最初は緊張したり、ストレスを感じたりするのは、僕も同じです。

では、僕がどうやって周りと仲良くやってきたかと言うと、相手をよく観察して、興味や関心のあることを知ったり、考え方や人柄に対する想像力を働かせたりして、相手がのってきてくれるようなコミュニケーションをしてきた、ということだと思います。

とくに、日常の会話は重要です。自分が話したいこと、聞いてほしいことを投げかけていくよりも、まずは相手の話題を優先する。相手が話していること、話したいことをよく聞いたうえで、そこに関連させて、自分も話をしていくように心掛けます。

相手が関心を持っているテーマに自分も関心があることを伝える。すると、相手からも興味や親しみを感じてもらえて、僕の話も聞いてみよう、と思ってくれるのです。相手の話をよく聞けば、自分がどんなふうに話せば、相手が聞きやすいか、興味を持ってくれるかも、自ずと見えてくるでしょう。**コミュニケーションは、相手を尊重することが、何より大事です。**

そしてもう一つ、僕がそれほど苦労を感じることなくさまざまなコミュニティに溶け込めたのは、母からの教えがあったからだと思います。

子どもの頃、僕は母から人間関係における大切な作法を教えられました。日本人の友達の家では、ご家族に対して「〝ですます〟で丁寧に話すこと」「約束した時間に遅れないこと」「挨拶は忘れず、返事は〝はい〟と大きな声で」など、相手に敬意を払い、いい人間関係を築く基本となるルールです。

小学生でアメリカに移ったので、アメリカの文化がベースになってはいましたが、こんなふうに幼い頃から異文化のコミュニティで大切にされている作法を学んだことで、その後も、自分と異なる文化を持つ多様なコミュニティに参加するコツのようなものをつかむことができたのだと思います。実は、これも、相手を尊重するということなのです。

生存性を高める「返報性の法則」

人間は社会的な動物なので、相手が何かを与えてくれたら、こちらも与えなくてはいけないという気持ちになります。これを「返報性の法則」というのですが、これを使って、コンピューターで生き残りのシミュレーションをした研究があります。

一つは返報性の法則に従って、お互いに与え続けたグループ。もう一つは返報性の法則を破って、絶えず相手から奪い取るグループです。この二つのグループが何十代かののちにどのような形で残っているのかをコンピューターで解析したところ、後者のグループは数十代を経ると絶滅してしまうという結論が得られたのです。それだけ、この返報性の法則が、人間の遺伝子に刻み込まれているのです。

もちろん、子どもの頃の僕には、このような理論の裏付けなどなく、ただ「友達が欲しい」「仲間に入りたい」という動機で、自然にしていたことではありますが、知らない人とコミュニケーションを取るために、僕は積極的に相手の興味や関心を探り、自分からアプローチをすることで、いろんな特性のあるグループに積極的に入っていきました。

海外の交渉の現場では、相手の興味や関心を事前に徹底的に調査して、交渉に臨むことがよくあります。相手の興味があるスポーツや応援しているチームなどを調べて、そこから会話の糸口を探します。

人は相手に親近感を持つとなかなか真正面から反対できなくなるもの。つまり、相手と信頼関係を築くことで、有利に交渉を進めることができるというわけです。

アメリカでは中学生や高校生でも昼食はカフェテリアで食べることが少なくありません。そこにはイスと机が置いてあるのですが、仲良しグループごとに使うエリアが自然と固定化していました。日本の学校の教室でも同じような光景が見られると思います。僕は最初、注目を集めたい、人気者になりたいと思っていたので、学校の中でも人気がある活発な子たちが多いグループが集うエリアに行ってコミュニケーションを取ることが少なくありませんでした。サッカーやラクロスをしていたこともあり、僕の雰囲気に親近感をおぼえてくれたのか、快く仲間に迎えられました。その中で、やがて気の合う親友ができ、今でも兄弟のような付き合いを続けている友もいます。

一方で、アメリカでは仲良しグループはオープンで流動的です。そのときどきの自分の状況や関心のある活動によって、仲良くするグループが変わったり、新しいグループが生まれたりします。

僕も、もっと勉強に打ち込もうと思ったときは成績の良い子たちのグループと一緒に勉強したり、サッカーではサッカー部の仲間と練習し、科学プロジェクトでは理科系に強い友達とパートナーになって教えてもらったりしました。

逆に、僕の得意な分野については他の子たちの勉強を手伝ったり、日本語を教えたり、相談に乗ったりもします。こうして、いろいろなグループで友達が増えていきました。

コミュニティ間の伝達役になろう

なぜ、僕が多様な人間関係を求めるのかというと、同じ傾向のある人が集まる一つのグループの中だけにいると、価値観やものの考え方が固定化されてきてしまうからです。

日本の社会はまだまだ日本人が中心です。この社会の特徴の一つが、暗黙の了解で空気を読み合い、皆で協力して瞬発力を高めることには長けているということだと僕は考えています。しかし、何かを創造したり変えたりするのには、この特徴が不利に働くことも少なくないように思います。

留学や転勤などで、海外に一定期間住む機会を持った日本人が、現地の外国人と積極的に接することなく、日本人と親しくしていることが少なくありません。僕はインドネシアやシンガポールに住んでいたことがあるのですが、日本人だけで仲良くしている人たちを見ることが多かったです。日本人同士だと慣れていて安心感があるのでしょう。

もちろん、人間関係に安心感を求めることは、とても自然です。しかし、もう少しオープンな心持ちで他の人とコミュニケーションをすることも大事です。**なぜかというと、自分がコミュニティとコミュニティをつなげる伝達役になることができるからです。**それぞれのコミュニティには特有の文化や知識が必ず存在しています。つながりのあるコミュニティを複数持っていれば、一方のそれを他方に伝えることで、双方のコミュニティに気づきや変化をもたらすことができる可能性があります。すると、自分の価値観も広がりますし、考え方や想像力に幅が出てきます。

それだけではありません。あくまで、「副産物」ではありますが、自分の仕入れた情報を伝えることで、他のコミュニティから喜んでもらえることもあります。

ここで、「副産物」と書いたのは、自分の損得だけを考えた、策略的なコミュニケーションは破綻しますし、結局のところ、誰も幸せにならない、というのが僕の考え方の基本だからです。

ビジネスの交渉事において、戦略は必要です。**ただし、誠実であること、本気であること、相手に敬意を払い尊重すること、を欠いたコミュニケーションをしていると、いつの間にか、自分の周りからは誰もいなくなってしまうと思います。**

国の成長のカギはオープンかどうか

さて、僕が日本に来る前に住んでいたシンガポールは、1950年代、東南アジアでも有名なスラム街がいくつもあり、国が非常に貧しい状態でした。失業率は10%を超えていて、雇用創出と住環境の整備が、政府にとっては重要な政策課題だったそうです。

そこで採用した政策が「輸入代替」でした。これは、工業製品の輸入をやめ、その製品を作っている海外企業の製造工場自体を自国に誘致することで、産業を発展させると同時に雇用も生むという戦略です。外国企業の資本と技術を積極的に取り入れること、つまりオープンにすることで、経済成長を促していったのです。

ただ単純に外資を入れるのではなく、外国資本と技術を誘致する一方で、国民は労働力を提供して、生産した製品を海外市場に輸出するという方法で、経済を発展させてきたのです。オープンな考え方で作られた社会だからこその成功といえるでしょう。

こういう社会は大きく発展します。なぜならば、多様性が生まれるからです。多様性があるからこそ変化の幅が大きいですし、大きく発展する余地があるのです。閉鎖的な社会は変化の幅が少ないので、大きな発展は期待できないのです。

アメリカがここまで世界の大国になれた理由は、野心的な創造力を持っていたおかげだと僕は思っています。世界の中心地でありながら閉鎖的な社会だったヨーロッパから、野心的な冒険家たちが閉鎖的な社会を抜け出して新しい土地を開拓し、オープンな社会を作った。そういう人たちが作った国だからこそ、大きく成長できたのでしょう。

もっとボディランゲージを使おう

他国の人たちと積極的にコミュニケーションを取れない理由として、日本の人からよく聞くのが、外国語をうまく話せないから……ということです。

そういった悩みを打ち明けられたとき、僕がお勧めしているのがボディランゲージです。**コミュニケーションは、言葉そのものだけに限ったものではありません。**ボディランゲージだけで伝えられることがあるのは、日本の人たちもよくご存知だと思います。

ほかにも、格好、話し方、表情など、相手に何かを伝える方法はたくさんあります。

日本の人は、相手に失礼があってはいけないという理由で服装を気にする人が非常に多い印象がありますが、その一方でボディランゲージを使ったり気にしたりすることは、特に欧米の人たちと比べると極端に少ないのです。

日本の人と話していると、途中で目を逸らされることがよくあります。その理由としては、相手の目をじっと見続けることが、日本では「敵対」を意味するために、礼儀として、ときどき目線をはずすのだと、日本の方から教わりました。

しかし、欧米では会話中は相手を見なければ、相手をバカにしているか、自信がないという意味になってしまうのです。目を逸らしただけで、何か悪いことをしているのではないか、聞かれては困ることがあるのではないかと疑念を持たれることにもなりかねません。

ボディランゲージは、相手に熱意を伝える手段としても、力を発揮します。たとえば、面接や商談でこちらの主張を伝えるとき、言葉だけで淡々と話している人より、手や身体を使って表現するほうがインパクトはあるはずです。

ライバルがたくさんいるような場合には、一番印象に残った人を採用したり、その人と契約をしたりすることは、よくあるでしょう。

身振り手振りの重要性はYouTubeの動画でも同じだと思います。**僕は、ここが重要なポイントだとか、注意が必要だというところでは、手を叩くようにしています。**この方法は、視聴者に大きな反響がありました。ボーッと見ていた人は、手を叩いた音にびっくりして、動画をもう一度見直してくれるようなのです。注意を引く、印象付ける。そうしたこともコミュニケーションの重要なポイントなのです。

日本でも、コミュニケーションの「間」は、大事なポイントとしてよく言われると思います。これは、僕がアメリカで社会生活を送っている中でも同じことを感じていて、気をつけてきたことの一つです。

何かを覚えて欲しいとき、重要な言葉を伝えたいときなど、一旦、間を入れてから発言するのとそうでないのとでは、相手に与える印象が大きく違ってきます。沈黙効果は、交渉相手にももちろん活用することができます。

ゼロサムとウィン・ウィンの交渉

さて、ここで交渉について、もう少し詳しく見ていきましょう。

交渉の一つの分類方法として「利益争奪型（ハード）の交渉」と「問題解決型（ソフト）の交渉」というものがあります。利益争奪型交渉は、どちらかが交渉に勝って、どちらかが負けるというゼロサムゲームです。

一方の問題解決型は交渉の当事者双方の合意を目的として交渉をする場合に行います。この交渉の流れは、お互いに譲歩しながら妥協点を見つけていきます（次ページの図表11参照）。利益争奪型は競争の激しい分野で行われる場合がほとんどで、実際のビジネスの現場では問題解決型の交渉をしているケースが多いはずです。

問題解決型の交渉の一番の目的は利害対立の解消です。「ウィン・ウィン」とも言われます。

つまり、交渉では交渉相手と一緒に問題を解決するという姿勢が、自分の利益を最大化する最短の道になります。その理由を「囚人のジレンマ」という有名な数学のゲーム理論に沿って説明しましょう（163ページの図表12参照）。

「囚人のジレンマ」とは、互いに協力すれば利益が大きくなるのにもかかわらず、相手

図表11 問題解決型の交渉

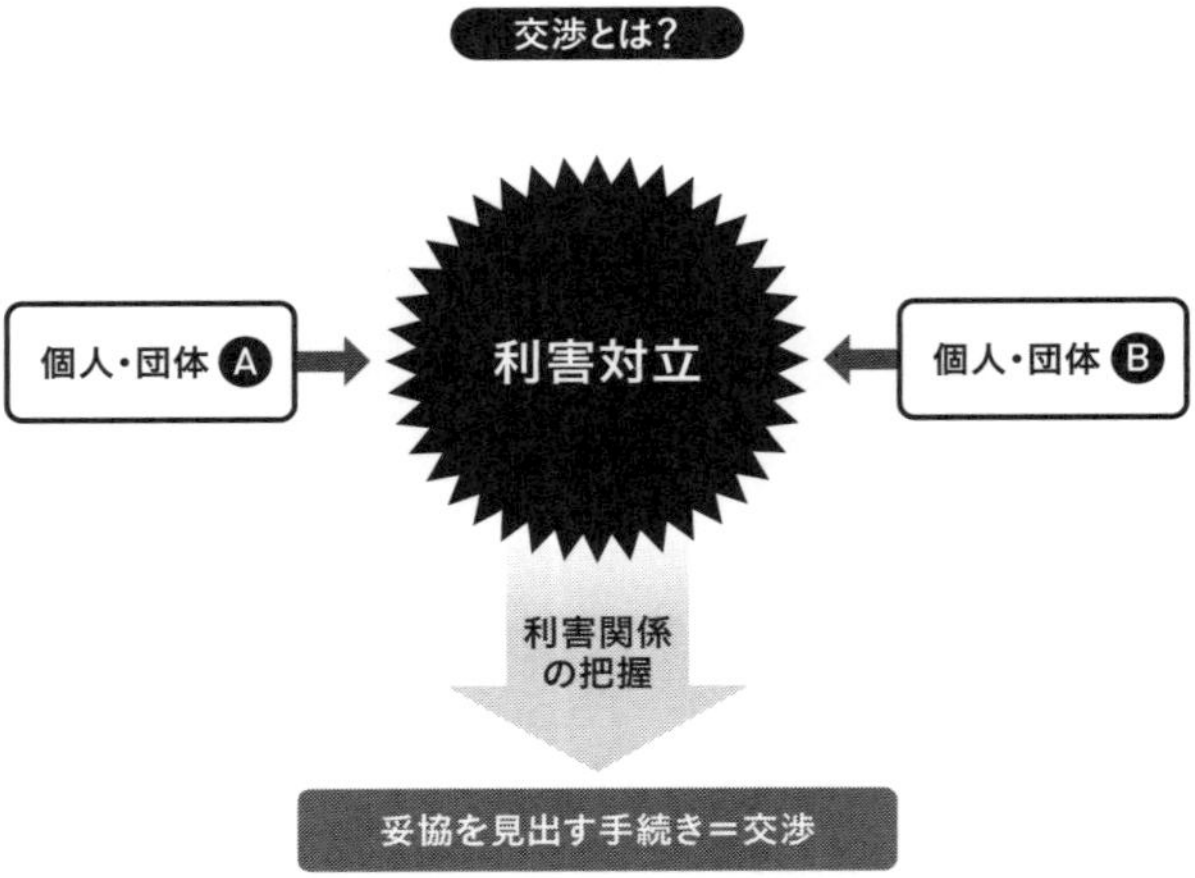

を信用できないために協力関係が築けない状態を指します。

具体的な事例で説明しましょう。

逮捕された囚人Aと囚人Bがいるとします。二人はある犯罪の共犯者で相棒同士だと疑われています。二人とも勾留されていますが、互いに隔離されています。ですから検事の取調べに対して、相手がどんな対応をするかわかりません。

検事が二人に示した条件は以下の通りです。

①二人とも黙秘すれば、懲役1年ず

図表12 囚人のジレンマ

交渉相手と協力すれば利益は最大となる

A＼B	黙秘	自白
黙秘	A：1年 B：1年	A：3年 B：0年
自白	A：0年 B：3年	A：2年 B：2年

つである（微罪で罰するしかないため）。

②二人とも自白すれば、懲役2年ずつである（罪が確定するため）。

③一人が自白し、一人が黙秘すれば、自白した者は釈放、黙秘したものは懲役3年である。

この場合、AもBも損になるはずの「黙秘」を二人ともが選ぶと、二人の刑期は1年ずつで片方が自白するよりも罪が軽くなります。しかし、相手が黙秘を選ぶとは限りません。

利害対立を起こしている双方が相手を信じたり疑ったり複雑な心境に陥っ

ている状態、これが「囚人のジレンマ」という状況です。

しかし、二人が互いに協力し合い、黙秘をすれば、双方にもっとも大きな利益が出る状態で交渉を有利に終えられるのです。

ただし、これはあくまでこの理論を説明するための例であって、犯罪者が罪を隠すことを肯定するものではありません。相手との信頼関係という点に着目した上で、**現実の交渉でも、相手を信頼し協力して問題解決することが、お互いに最も利益を得られるということの参考にしてください。というのも、これが交渉の極意だからです。**

それでは、交渉において大切なポイントを、一つずつご紹介していきましょう。

お互いが最も利益を得られる交渉の極意

1 相手を信頼することから始まる

アメリカの警察には、人質を取った犯人と交渉する交渉人という職業の人がいます。

この交渉人が犯人とファーストコンタクトをとるときに、どのように接するのかご存じでしょうか。相手は大量殺人犯や卑劣な誘拐犯ということもあります。

交渉人は必ず礼儀正しく、相手の名前に敬称を付けて呼ぶのです。たくさんのパトカーが犯人を囲んで「君は完全に包囲されている、出てこい！」とスピーカーで呼ぶといった、ドラマで出てきそうな光景とは全く違います。

なぜ交渉人が敬意をもって相手の名前を呼ぶのか。前述したゲーム理論からも導き出された話ですが、どんな交渉でも相手との信頼関係が構築されなければ交渉が成り立たないからです。**だからこそ、交渉では先入観や印象などに惑わされずに、相手の望んでいることや真意を読み取ることが必要です。**交渉は対決ではなく、相手との利害対立を解消するものだということを念頭において臨んでください。

2 交渉の過程を相手との共同作業にする

人は、他人から何かを強要されるのを嫌う傾向があります。これは交渉の現場でも忘れてはいけないことです。相手が無理やり同意させられたと感じれば、交渉成立後も必ずといっていいほど問題が起きてきます。

交渉を問題解決型交渉に持って行くためにも、自分の主張を伝えることばかりを考えるのではなく、交渉相手にも積極的に交渉に参加してもらいましょう。**交渉相手が検討過程に参加することによって、交渉相手に結果責任を取らせることになるのです。**

3 交渉の場所は前もって決めておく

交渉を行う場所も、結果に大きな影響を与える要素の一つです。場所を選ぶところから、実際は交渉がスタートしているのです。

たとえば、上司に給料アップの交渉をするとします。その場合、社内の会議室などで行うことがほとんどでしょう。しかし、これは交渉の場所としては最悪なセレクトです。なぜならば、会社の中では上司と部下という関係性から離れることができず、権力の差がそのまま交渉に反映されてしまうからです。

繰り返しになりますが、交渉は対等の関係で利害対立を解消するのが目的です。**だからこそ、できるだけ対等な雰囲気が作れる場所を選ぶことが重要なのです。**

そのために、自分も相手もリラックスできるところで設定します。落ち着いた環境のカフェやレストランなど、できるだけ静かなところをお勧めします。ファミリーレストランのような騒々しい場所だと、あなた自身が交渉に集中できず、相手に有利なかたちで交渉が進んでしまいかねません。

また、最初からいきなり焦って本題を切り出さず、ゆっくりと会話を進めていくことも大事です。

4 交渉前にBANTAを決めておく

BANTA（Best Alternative To Negotiated-Agreement）とは、交渉が不調に終わったときに生じる、相手が提示した条件以外の最も望ましい代替提案のことをいいます。相手の交渉に引っ張られると、不利な交渉をしてしまうこともあります。しかし、BANTAがあれば自分にとって不利な条件の提示が続いた場合には、交渉を止めることもできます。BANTAがあるかないかで交渉時の振る舞い方は大きく変わってきます。

また、BANTAとともに決めておきたいのが、交渉ゾーンZOPA（Zone Of

Possible Agreement）です。ここまでは交渉に応じられるけれども、ここからは交渉の余地はないというラインを事前に決めて交渉に臨むようにしましょう。

5 相手によって雰囲気を変える

交渉相手からの信頼を得るためには、相手に合わせることが必要です。時と場合によっては話し方や振る舞い方を変える必要があります。相手が落ち着いた印象の人であれば、こちらも落ち着いた雰囲気で話します。相手がユーモアを交えて冗談をたくさんいう人であれば、こちらも、リラックスした感じで、にこやかに対応します。

ただし、早口でまくしたてるように話す人やフランクすぎる人など、常識的に考えて相手にあまりいい印象を与えないようなコミュニケーションには、合わせる必要はありません。相手が早口であれば、自分はゆっくりと話す。相手がフランクすぎても、自分は堅くなりすぎないようにしつつも丁寧さは忘れない、といった判断をしてください。

また、交渉に入る前のアイスブレイクタイム（初対面のときに緊張を解きほぐすために軽く自己紹介や雑談をする時間）では、相手の年齢やプライベートの状況に合わせた話題を用意しておくのも良いでしょう。たとえば、相手に小さな子どもがいれば、休日にお子さんと何をして遊んだのかといったことを聞いたり、Instagramを楽しんでいる人であれば、写真を撮るコツなどの話をしたりしてもいいかもしれません。

その人のコンディションや雰囲気を読み取る努力もしましょう。気持ちよく話をしているようであれば、交渉を前に進めていいかもしれません。しかし、何かにひっかかっている様子であれば、無理に押さないほうがいいかもしれません。

相手によって、また、同じ相手でもその日の雰囲気によって、自分の接し方、出方を考えながら交渉するのがポイントです。

6 相手のゴールを理解する

相手が何を欲しいのかは、前もって認識しておきます。**交渉相手には必ず利害があり、その利害対立の解消をするためには、相手の抱えている問題をできるだけ把握しておくことが重要です。**

たとえば、上司からあれもこれもやって欲しいと言われたとします。これが逆らえない命令ではなく、交渉ができる状況であれば、立ち止まって考えてみましょう。最初にいきなり合意はしません。「ちょっと考えていいですか？」と上司に伝えて交渉を中断することもできます。

もし、相手が提示した条件が非常に良かったとしても、すぐに合意するのはよくありません。相手がどのような意図があって、その依頼をしてきているのか、まずは把握します。

7 交渉相手の周りから攻めていく

交渉は利害関係の問題の解消が目的です。協力関係を築きながら交渉を進めていくわけですが、リードをしたものが自分の要求に近い形で進められるものです。

そこで、自分の頭の中にある問題解決のためのアイデアを、前もって交渉相手にヒントとして、それとなく伝えておくのです。

たとえば、仕事で新しいプロジェクトを任せて欲しいということをゴール地点として、上司と交渉をするとしましょう。上司は保守的で、そのプロジェクトが必要だとは考えていないかもしれません。

そこで上司の周りにいる人たちに、このプロジェクトがいかに役に立つものなのか、情報を小出しにしておくのです。上司が利害関係のある自分から聞くのではなくて、周りの人から「これはいいですよ」と聞くと乗り気になるのです。

これは間接的なアプローチですが、利害関係のなく、かつ、ふだんから人間関係の距離が近い周りの人たちから情報を聞くということで、信頼性を増すのです。そして、最後に1対1の交渉で上司と話します。

8 要求は小さなところから始める

小さい要求から始めて、関連する大きな要求を通すテクニックが「フット・イン・ザ・ドア・テクニック」という交渉手法です。営業マンが、お客から、話も聞かないうちに断られないように、訪問先の玄関ドアに足を一歩踏み込んでドアが閉まらないようにして話しはじめ、最終的に契約を取る、ということからその名が付きました。

フット・イン・ザ・ドア・テクニックは、多くの人間に備わっている「一貫性」という性質を利用するものです。一貫性とは、自分が過去に行ったことを覆したくないという心理で、人間が社会生活を営む上でなくてはならないものです。当たり前のことですが、すぐに心変わりするような人は、他人から信頼されません。

つまり、人間が社会的な動物であるがゆえに備わっている性質なのです。この説得方法はあまりに有名なので、日常生活のいたるところで見られると思います。

たとえば、フリーマーケットで価格交渉をする場合、1000円の洋服を半額で買いたいとします。小さな要求から始めて、最終的に大きな要求に応えてもらうためには、信頼関係をいかに構築できるかにかかってきます。短い時間で信頼関係を作るためには、会話の中で相手に「はい」「ええ」「うん」などと言葉で発する機会をできるだけ多く与えて、了承している気持ちになってもらうのがよいでしょう。同意が信頼につながっていきます。

そのためには、いきなり価格交渉に入ってはいけません。たとえば、「こちらの小さな人形、子どもが喜びそうですね」とか「この食器とてもきれいですね」など、相手にとってプラスの発言をして、同意を得るコミュニケーションをとっていきます。

価格交渉の場合には、「1000円の洋服を3着買うので、1着あたりの価格を

500円に下げて欲しい」のように、相手にもメリットがありそうな提案をするというテクニックが有効です。この場合、相手としては値下げをすることで売上金額は減るものの、より多くの商品が売れるというメリットがあるので了承してもらいやすくなります。

また、全く違う商品の価格が下げられるかどうかを聞いておいて、本命の商品の価格を下げるために交渉をするという方法もあります。これは、商品は違っていても、一度、交渉相手から「値下げ」ということについてOKをもらっておいて、そのまま自分が欲しい商品の価格を下げる交渉に突入するというやや高度なテクニックですが、人は一度OKすると相手の要求を断りづらくなるという心理的な傾向があるため、交渉を成功に導きやすいのです。

このように、交渉相手との信頼関係を積み重ねていくと、より大きな要求を相手に了承してもらえる可能性が高くなります。ただし、十分に信頼関係を築くことができないまま、より大きな要求をすると、それまで築いてきた関係が悪化してしまうこともあります。相手とどの程度の関係性が構築できているのか、慎重に見極めて行動するようにしてください。

相手への敬意が人間関係の「投資資源」

ここまでご説明してきたように、他人と仲良くなるにも、ビジネスで駆け引きをするにも、大事なのは、相手にいつも真剣に向き合うことです。**もちろん、上下関係や立場の違いはありますが、たとえ相手を批判したり激しい議論になったりする場合にも、忘れてはいけないのは、対等な人間同士としての、相手への敬意です。**

感情的になっているときや余裕がないときには自分本位になってしまいがちですが、その一時的な気分に影響された言動は、あなたをいい方向には導きません。そうならないように、科学的な知見に基づいた人間の心理的な傾向を知っておくことは、役に立つはずです。

また、自分の損得に集中しすぎると、人間関係を雑に扱ってしまうこともあるでしょう。自分の気持ちいい、楽な人とだけ関わって、交友を狭め、自分と考えの違う人や批判的な意見を言う人を遠ざけていってしまうかもしれません。

理不尽に攻撃してくるような人と無理に関わる必要はもちろんありませんが、積極的にいろいろな人と関わり、話を聞き、あなたの言葉を伝えていく「投資」をすることを、僕はお勧めしたいです。もし、チャンスがあれば、異文化のなかで生きてきた方々とのコミュニケーションにも、どんどん自分を投資してみてください。

Chapter

6

「英語」で新たな市場を切り拓け

English

世界の時価総額トップ企業は英語が必要

2021年2月時点において、アメリカ株の時価総額で世界のトップ100企業を調べてみると、ランクインしている日本の企業はトヨタとソニーだけです。

上位100社のうち、ほとんどがアメリカの企業で、次いでイギリスやヨーロッパ、最近では中国企業のアリババ、韓国企業のサムスン電子なども伸びています。時価総額でトップにいる企業が社内で使う言語は英語です。

英語で経営が行われ、利用している金融システムも英語で構築されています。もちろん、会社の決算書もすべて英語。そして企業と取引をするためには英語が必要で、その企業がどのようなことをして、今後どのような方針で経営をしていくのかということを調べるのにも、英語で書かれた決算書を読み解く必要があるのです。

日本でも、楽天やユニクロ、資生堂（本社部門）やホンダなどの企業が、社内での公用語や準公用語として英語を採用し、注目されました。

先進国で最も高齢化が進んでいる日本では、もはや否が応でも海外の企業とかかわっていかなければ国を維持することが困難な状況になってきています。**つまり、社内で主に英語を使っている企業とのビジネスは、避けて通れなくなってきているのです。**

スイスに本拠地を置く、トップクラスのビジネススクールであるＩＭＤが、世界中の企業に「どの国から人材を採用したいのか」ということについて調査をしたデータがあります。

２０１８年には日本は29位でしたが、19年には35位になっています。僕が一時住んでいたマレーシアは22位ですから、マレーシアにも負けてしまっているのです。

その理由について、僕なりに分析してみます。

最も大きい問題は、日本人の英語能力、特に英語でコミュニケーションを取る能力が他国と比較して圧倒的に低いということです。

僕は、今回日本に来る前の何年かは、シンガポールを本拠地として、東南アジアの国々を旅したり短期的に住んだりしていましたが、そのときに現地の投資家から「日本人は中学校で3年、高校で3年、さらに大学でも少なくとも1、2年、教養課程で英語を勉強している人が多いのに、なぜ英会話が苦手なの？」と聞かれたことがあります。

そんなに長期間勉強しているのに、会話ができないというのはなぜなのか不思議だというのです。7、8年間も英語を日常的に学んできているのに、話せない。日本の英語教育に、大きな問題があると僕は思っています。

道具として使えない日本の英語教育

文部科学省が調査した2017年の「英語教育改善のための英語力調査」（全国の中学3年生約6万人〈国公立約600校〉）、高校3年生約6万人〈国公立約300校〉の英語力を調査）のデータを見てみましょう。

調査では、CEFR（Common European Framework of Reference for Languages：ヨーロッパ言語共通参照枠）A1上位レベル以上（日常会話ができるレベル）では、「聞くこと（29・1％）」「読むこと（28・8％）」「話すこと（33・1％）」「書くこと（46・8％）」となりました。

ここから、英語を書くことには強みを持つ人が多いのですが、聞くことや読むこと、そして話すことについては苦手な人が多いということがわかります。

日本では、英語を習っても、多くの人が日常的に使う機会はほとんどありません。生活の中での会話は日本語で済みますし、日本に住む外国人も以前に比べれば格段に多くはなりましたが、外国人と英語で話す機会はほとんどないと言っていいでしょう。

そして、もっと問題なのは、日本の中学校や高校で学ぶ英語は文法から入るため、会話の「道具」を身につけるというよりは、一つの学問として学ぶというかたちになりがちだということです。

使うことを前提としていないという印象を受けるのは、日常生活で使わない表現もたくさん習得することが求められ、英語についての知識は増えるかもしれませんが、いざ会話をするとなると役に立たないことが多いからです。

また、文法の学習は堅苦しくて難しく、そのせいで英語そのものに苦手意識を持つ生徒が少なくありません。「正しく書く英語」を最優先に教えていると、聞くことや話すことができなくなってしまいます。

そして、聞く練習をしていなければ相手が言うことが理解できず、話す練習をしていなければ正しい発音や話し方ができず、相手に通じないことがあるのです。

図表13 中学生と高校生の約半数が英語の学習が好きではない？

問 英語の学習は好きですか。最も当てはまるものを1つ選んで下さい。

①そう思う　②どちらかといえば、そう思う　③どちらかといえば、そう思わない　④そう思わない

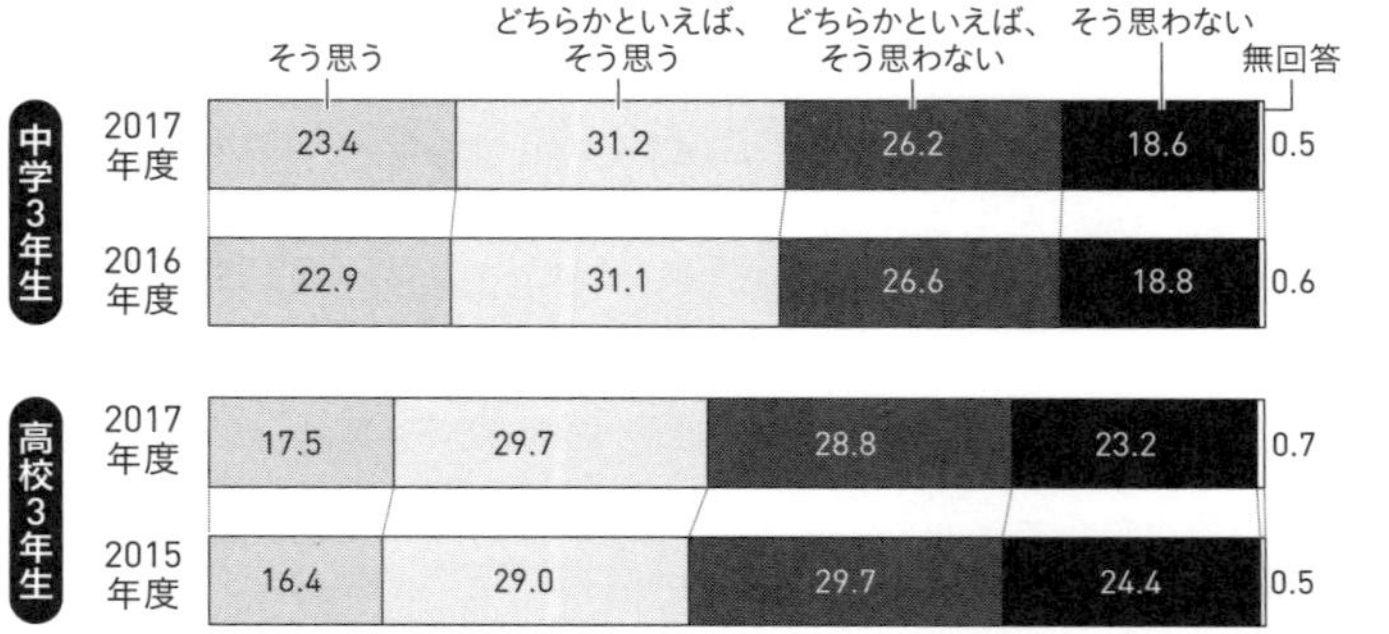

文部科学省調査2017年「英語教育改善のための英語力調査」の結果、「平成29年度 英語力調査結果（中学3年生）の概要」「平成29年度 英語力調査結果（高校3年生）の概要」を参考に作成。調査実施時期は、2017年6月末～7月中。調査対象は、全国の中学3年生約6万人（国公立約600校）と高校3年生約6万人（国公立約300校）。

先ほど紹介した文部科学省の調査でも、中学生、高校生ともに約二人に1人が英語の学習が好きではないと答えています（図表13参照）。

特に文法など覚えることが多くなる高校生では、英語の学習が好きではないと答える人は52%に到達しています。英語は言語というツールです。実際の話し言葉では、言葉の表現の仕方に、文法的に考えると誤っているケースも多く出てきます。

しかし、それを文法的な正しさばかりにこだわろうとすればするほど、ツールとして活用する余裕はほとんどなくなり、苦手意識だけが増大します。

外国人とコミュニケーションしてみようという気は失せてしまうのです。
授業の時間をたくさん確保しているのに、これではもったいない、と僕は思います。

実際の場面で考えてみると、例えばスーパーでリンゴ売り場を尋ねるような場合、"Excuse me but where can I find apples?"でなくても、"Where is apple?"で十分。なんなら"Apple. Where?"でも、"Apple?"だけでもOK。店でコーヒーを注文するときも、"Coffee, please."でOKです。AppleとCoffeeの発音が正しくて態度がよければ、たいてい通じます。そして"Thank you!"。これで立派なコミュニケーションです。

言語はコミュニケーションのひとつのツールだということを忘れず、気軽に話してみましょう。

僕の日本語だって間違いだらけです。でも、完璧な日本語でなくても、言いたいことがわかってもらえればいいと思って、どんどん使っています。そして、そうすれば少しずつ上達していくはずだと信じています。

日本の技術力を運用するのは英語

日本は天然資源がほとんどない国です。これまで日本の経済成長を支えてきたものはものづくりだと僕は思っています。日本の製造業がものを作って海外に輸出して利益を上げてきたことが、日本経済に大きく貢献をしていました。

しかし、もうすでに、製造業だけで成長を支えていくことは難しくなってきていきます。僕は、中国や東南アジアといった経済成長が目覚ましい国にいましたが、それらの国々は、日本製品と変わらない品質のものを日本の何分の一という安い価格で製造できる技術を持っています。国際的に競争した場合、価格の面で日本の製造業が負けてしまうことが心配です。

たとえば、一昔前は、iPhoneなどのApple製品には日本企業の部材が使われていました。しかし、現在では、台湾企業や中国企業でつくられているケースが少なくないのです。10年ぐらい前には、東芝や日立、ソニーといった日本企業がアップルに部品を大量に提供していました。

しかし、現在は鴻海（ホンハイ）精密工業（通称：フォックスコン、Foxconn）などの台湾企業が日本の企業にとって変わっています。こうした状態を放置しておけば、日本の製造業はますます空洞化するのではないかと考えられます。

では、これからの日本は何を武器に世界と競争すればよいのか。

それは、技術力しかないと思います。これは日本の強みである潜在能力です。**そして、技術力は多くの国々と競争しながら磨かれて質が高くなっていくもの。**そのような状況で英語が使えないとなると、技術を世界で発表するのも難しいですし、他国の企業が持つ技術を知り、理解することすらできません。

ノーベル賞を受賞するような世界的に認められている日本人研究者であっても、普段から英語でスピーチをしている人はほとんどいないと言われています。これでは日本は世界の国々から不思議に思われてしまいます。

日本国内で研究をしている一流の学者の方々も、英語で論文を発表することは少ないようです。それが大学の評価に影響し、日本の大学が世界ランキングで上位に入れない一因となっています。

日本を大切に思うのであれば、むしろ英語こそ必要なのです。英語を身につけることが、国際的な競争力を高めていくことにつながると僕は考えています。

YouTubeを聞くだけでも話せるようになる

では、日本人の英語の能力を高めていくにはどうすればいいのでしょうか？

先ほど、日本の学校教育のところでも書きましたが、そのポイントは会話にあると思います。**読むことや書くことも大事ですが、まずは〝聞く〟と〝話す〟。**それにつきると思います。

そして、さらに言えば、まずは、英語を話す相手の言葉を聞くこと、そしてそれを理解できるように努力することが第一です。聞き取れるようになれば、自分も話せるようになっていきます。その過程で、正しい発音ができる人が話すのを聞いて、自分も口に出してみると練習になります。

僕は海外で何千人もの日本人に会ってきましたが、日本人の英語は日本語で話すときのような発音（カタカナで書くような）であることが少なくありません。僕がYouTubeで、同じ内容を日本語と英語両方で発信しているのも、少しでもみなさんに英語のネイティブの発音を耳にしていただきたいと思っているからです。もし良かったら僕の英語チャンネルもご覧ください。

★Dan Takahashi-English Channel
https://www.youtube.com/channel/UCvWYxYwyl0gUIqG3Zu0dRUw

そして、英語の発音は毎日聞かないと意味がありません。耳で聞いた感覚はすぐに忘れてしまうからです。僕の英語のニュースでもいいですが、いろいろな国際ニュース番組をよく見て発音の勉強をすることがまずは重要だと思います。

英語に限らずどの言語でも、発音の強さや話し方、間の取り方などによっても言葉のニュアンスは大きく変化します。海外のニュースをそのまま見て聴いて、自分でその感覚を理解しようとすることが大切なのです。

現在僕は、何とか日本語を話すことができていますが、それは母親や日本の知人が話す言葉、そしてテレビなどから日本語をずっと聞き続けてきたからです。

今も、毎日朝から日本のニュースを映像で見て日本語を聞きますし、YouTubeでの発信を通して会話として日本語をアウトプットしています。

会話を聞いて話すということが語学習得の最短の道だと思っています。

英文ニュースの見出しを流し読み

僕は毎日数多くのニュースを読んでいます。

最初に日経新聞を読んで日本経済の動向を摑みます。そして、ブルームバーグで世界のマーケットのデータを把握しています。

ブルームバーグは、世界の最新金融ニュース、マーケット情報、市場の分析や、マーケットデータ、金融情報を提供しています。株式、投資信託から、世界各国の株価指数、金利や債券、商品先物など最新のマーケット情報を掲載しているニュースサイトです。ここで、マーケットがどう動いているのか、為替、商品など数字を見てからニュースを読むことにしています。

その次に見ているのがトレーディングエコノミクスです。こちらには、2000万を超える経済指標、為替レート、株式市場指数、国債利回り、および商品価格の履歴データと予測を含む196カ国の情報が提供されています。全て公式な情報源に基づいているので、データの客観性が高い情報になっています。

その次にマーケットウォッチ、CNBC、さらにフィナンシャル・タイムズ、ウォールストリート・ジャーナル、ポリティコという政治ニュースと、ワシントンポストを読みます。お勧めのメディアのURLを次ページにまとめましたので、参考にしてください。

多くの媒体をチェックしているビジネスパーソンには、おなじみのやり方だと思うのですが、僕もこれらの記事を一字一句、すべて読んでいるわけではなく、最初に媒体全体の見出しだけをチェックして、気になった記事をじっくり読みます。この読み方を実践しているうちに、世の中の動きについて、また、メディアの取り上げ方について、あるパターンが見えてくるのです。

コロナ禍でも実体経済はほとんど動いておらず、先行きが不透明だったのにニュース記事はあまり深刻な内容ではないとか、金の価格について扱うニュースが多かったなどパターンを見つけながら読むと経済情勢について知識が深まります。

これが僕のモーニングルーティンです。

〈毎日チェックしたいニュースサイト〉

- 日本経済新聞　https://www.nikkei.com/
- Bloomberg（市場）　https://www.bloomberg.com/markets/stocks
- Bloomberg（ニュース）　https://www.bloomberg.com/asia
- Trading Economics　https://tradingeconomics.com/
- Market Watch　https://www.marketwatch.com/
- CNBC　https://www.cnbc.com/world/?region=world
- Financial Time　https://www.ft.com/
- The Wall Street Journal　https://www.wsj.com/
- Politico　https://www.politico.com/
- The Washington Post　https://www.washingtonpost.com/
- FOX News　https://www.foxnews.com/
- BBC News　https://www.bbc.com/news

英文記事を超簡単に読みこなすコツ

英語の記事の見出しを流し読みなんてできるわけないと思っている人も多いかと思いますが、心配しないでください。英語が読めなくても話せなくても、大丈夫です。**記事を読むときには、最初に日本語版を読むのです。**内容が理解できていると、わからない単語が出てきたときや難しい構文が出てきたときにも、どのようなことが書かれているのか類推することができます。さらに、内容がわかっていれば、その後の話の展開がなんとなく読めるのです。ビジネスやマネー、マーケット、国際問題など固有の単語が出てくるので、その単語を覚えてしまえば、記事に出てきたときに、これから何が語られるのかも理解することができます。

だからこそ、まず日本語で理解する。その後に英語記事を見る。それが第一歩です。**翻訳ツールを使ってザッと記事を読むのもいいと思います。**

初心者にお勧めしたいのは先ほども紹介したＣＮＢＣです。アメリカのニュース会社なのですが、プロフェッショナル向けではなく、一般向けに書かれています。一文が短く主語と述語が明確になっているので、読みやすいのです。

それから、フィナンシャル・タイムズも、経済、金融、マーケットは見出しだけでもかまいませんので、読むように努力をしてみるといいでしょう。わからない言葉は、やはりWebの翻訳ツールが便利です。

タイトルや見出しを読んだときに、わからない言葉が出てきたら、クリックして概要を調べるという方法もあります。本当に知らなくてはいけない部分は意味を調べます。

たとえば「Climb」という単語は経済・金融の分野では、物価などが上がるという意味で使われますので、記事の中でよく出てきます。毎日読んでいると、分野によって、頻出語が目に付くようになってきますので、調べたらノートに書いておくと便利です。

僕はスマートフォンで記事を読んでいて、理解ができない日本語の文章が出てきたら（敬語の使い方とか）、スクリーンショットを撮っておきます。そして電車に乗っているときやタクシーを待っているときなどに、それを見返します。時間にすると、毎日10分ぐらいです。これを習慣にすれば、だんだん読めるようになってくるはずです。

僕自身が日本語を勉強しているからこその実感としても言えることですが、語学は毎日の習慣にすることが上達への近道です。急に上手にはなりません。

ここで紹介した方法は、英語そのものを学ぶだけでなく、仕事に役立つ時事的な話題や言葉のインプットにもなるので、一石二鳥です。今日から、ぜひ試してみてくださるとうれしいです。

Chapter

7

最高のパフォーマンスを生む「時間術」

Time Management

何に使うかで時間の価値は変わる

投資で考えるべき三つの要素について復習しましょう。

一つ目は投資をするための投資「資源」、そして二つ目は投資した先からもたらされる「価値」、そして最後に「時間」です。これは、自分を投資資源と考える自己投資でも重要な考え方です。

この章では、自分を最大限運用するための時間のとらえ方を紹介していきます。

「時は金なり」（Time is Money.）。この言葉を語ったのはアメリカ建国の父の一人であり、資本主義の父とも言われるベンジャミン・フランクリン（1706〜1790）です。100ドル紙幣でもお馴染みのフランクリンは政治家、外交官、著述家、気象学者など多彩な才能を発揮しました。

彼が何を意図してこの言葉を伝えたのかは、あまり知られていません。実はこのフレーズ、彼の著作『若き商人への手紙』（日本語版は、ハイブロー武蔵訳　総合法令出版

2004年）の中で書かれた、お金についてのアドバイスの一つのフレーズだったのです。「覚えておいて欲しい。時間はお金だ。（Remember that Time is Money.）」と語った後に次のような文章が続きます。

「労働で一日10シリング稼ぐ事が出来る人が、旅行に出掛けるとする。そして旅行先で半日過ごすとしよう。するとどのようなことになるのか。その旅費などにかかった6ペンスを失うだけでなく、本来働いていればもらえた10シリングの半分を失う」

このまま読めば、気分転換の旅行すら行ってはいけないのかと理解してしまいそうですが、フランクリンが伝えたかった意図はそこにはありません。本当に伝えたいことは、「時間を何に使うかによって、もたらされる価値は異なる」ということなのです。

お金という価値を得るために時間を考えた場合、半日という時間を旅行に使えば、旅費という出費が出るほか、働いてもらえるはずだったお金を失うということです。

時間は、お金を産み出すために必要な投資の要素です。時間があれば、その時間と引き換えに労働の対価としてお金を得ることもできます。そうして得たお金を少しずつためてどこかに投資をして一定期間運用すれば、投資の収益を得ることができます。そして長期間、お金を預けることで複利効果が発生し、さらなる収益を生み出します。

このフランクリンの話には、もう一つ教訓があります。

それは、もたらされる価値を考えれば、自分が時間を無駄に使っていないかどうかも判断できるということです。

スマホゲームの損失は計り知れない

さて、みなさんは限られた時間という資源を何に投じているのか、考えてみたことがありますか。無駄遣いだと思い当たることはないでしょうか。

最近、僕が気になっているのはスマートフォン（スマホ）のゲームです。

通勤電車に乗っていると、以前は新聞を読んだり、本を読んだりしていた人を見かけることが多かったような気がします。しかし、最近はスマホでゲームをしている人が多いという印象です。スマホが普及したことも理由の一つだとは思いますが、ゲームをや

図表14 **スマートフォン・パソコンを1日12時間以上使用した人の年齢・性別割合**

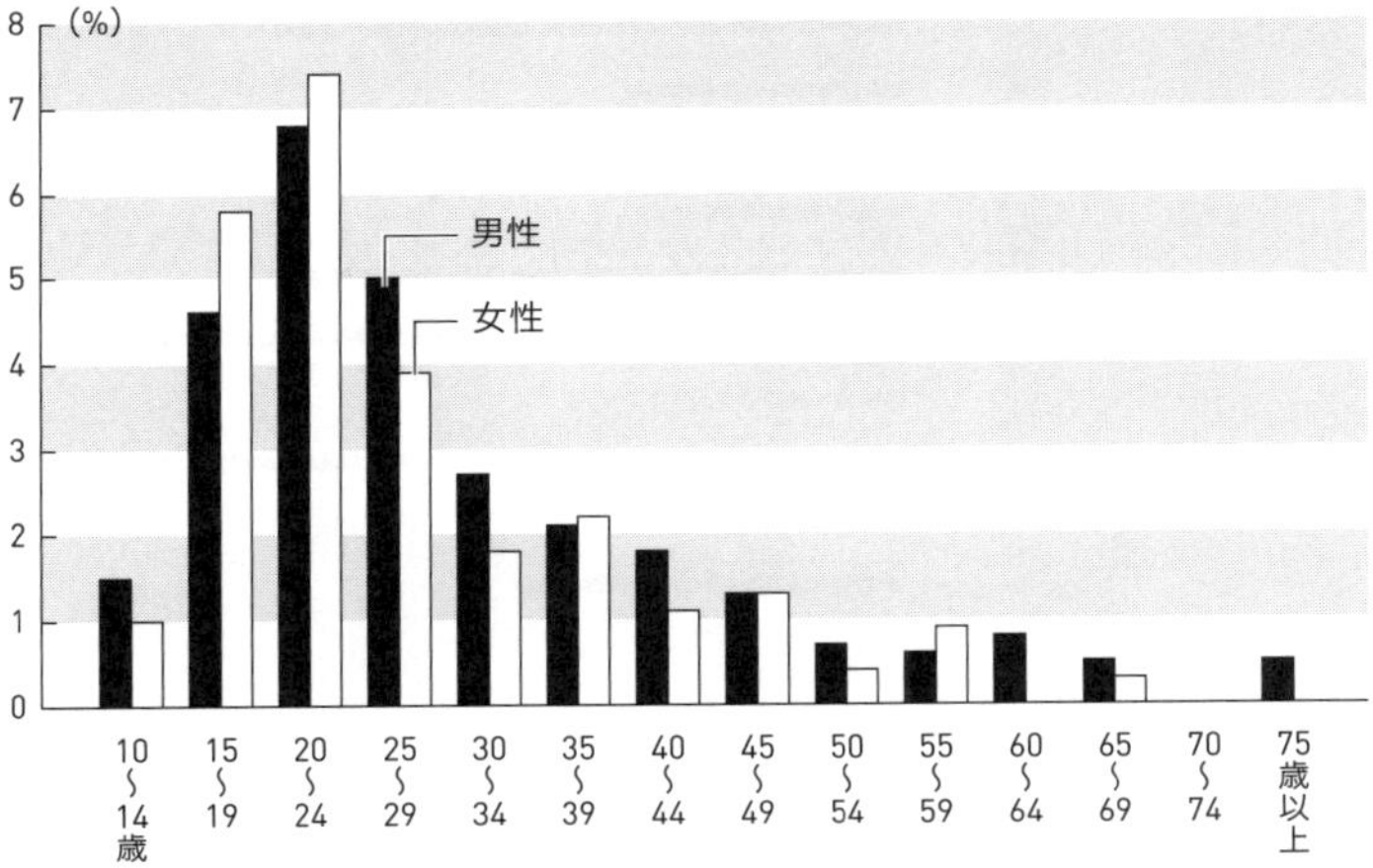

総務省「平成28年社会生活基本調査 生活時間に関する結果　要約」掲載の表4、図6を参考に作成。

り続けて、「ゲーム依存症」になっている人もいると聞きます。

図表14に示した総務省の2016年のデータを見ると、1日に12時間以上スマホやパソコンを使っている人は、10代後半から20代の若い世代で目立っています（「平成28年社会生活基本調査 生活時間に関する結果」より）。

別の内閣府の統計データ（次ページの図表15）を見ると、若い人たち（この調査では満10歳〜満17歳）ではインターネットでゲームをしている人が多いこともわかっています（内閣府「令和元年度青少年のインターネット利用環境実態調

図表15 **青少年のインターネットの利用内容**

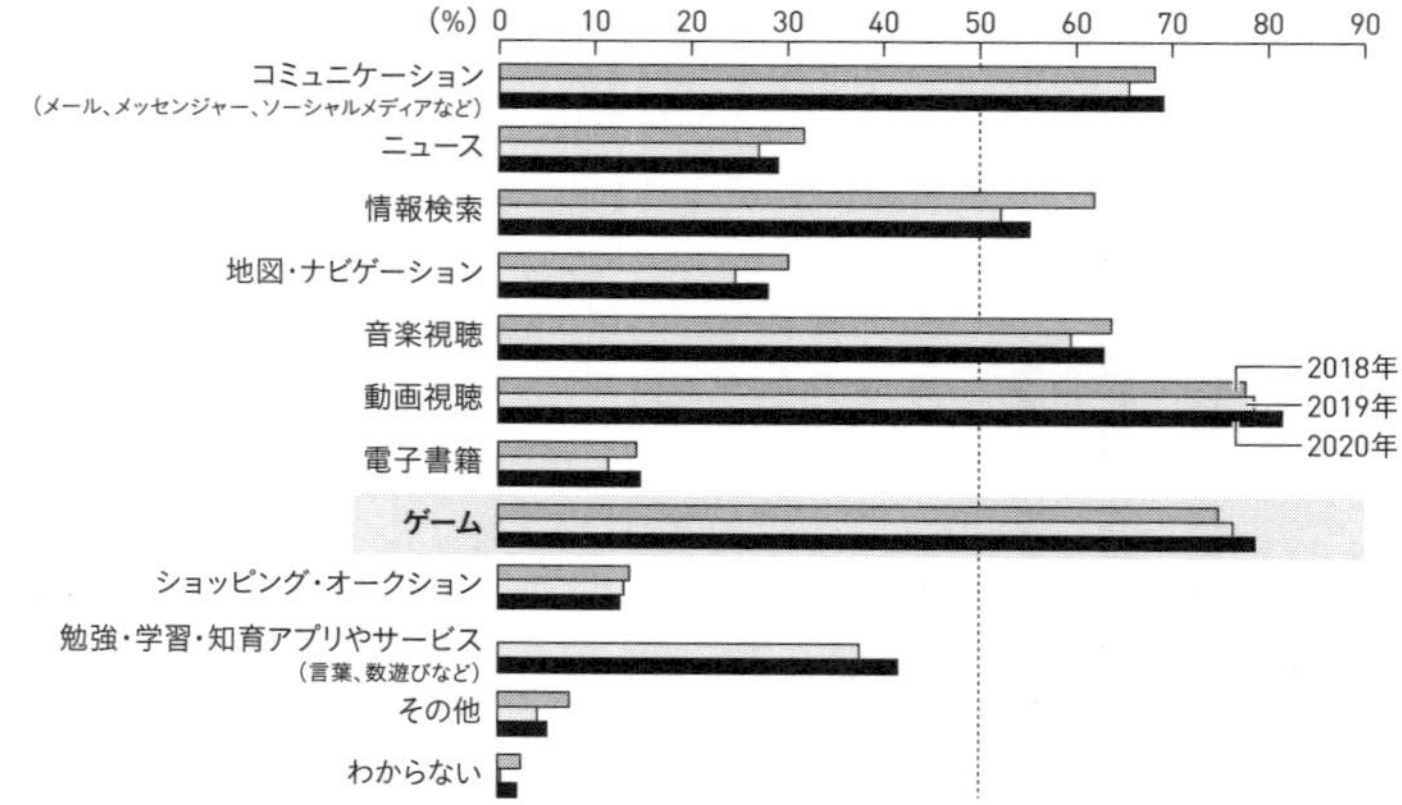

注)青少年の定義は令和2(2020)年1月1日現在で満10歳から満17歳の人。「あなたはインターネットを使って何をしていますか」という問いに対する回答を集計したもの。利用機器は「スマートフォン」「いわゆる格安スマートフォン」「機能限定スマートフォンや子供向けスマートフォン」「契約期間が切れたスマートフォン」「携帯電話」「機能限定携帯電話や子供向け携帯電話」「ノートパソコン」「デスクトップパソコン」「タブレット」「学習用タブレット」「子供向け娯楽用タブレット」「携帯音楽プレイヤー」「携帯ゲーム機」「据置型ゲーム機」「インターネット接続テレビ」のいずれかで利用内容に回答あり計。2018年:446.3%、2019年:250.6%、2020年:280.6%。

内閣府政策統括官(共生社会政策担当)「令和元年度 青少年のインターネット利用環境実態調査報告書」掲載の「図表2-1-1-4-1 インターネットの利用内容」を参考に作成。

査報告書」より)。

この統計の対象外ではありますが、ネットゲームに熱中しているのは、30代や40代の人の中にも少なくないでしょう。電車に乗ると、年齢や性別を問わず、スマホでゲームをしている人を多く見かけます。

暇だから、時間つぶしのために、という理由で始めることもあるかもしれませんが、次の項でもお話しするように、単純に平均寿命から計算して自分に残された時間を冷静に考えてみても、そんなに長くはないことに気づかされるはずです。

その貴重な時間を、ゲームに費やす

価値があるのかどうかを考えてみてください。

同じネット上でお金や時間を使うのであれば、ニュースを読む、自己投資のための情報を取得するといったことに使う方が、もたらされる価値は大きいでしょう。

深刻な場合は、ゲーム依存症になってしまうこともあるわけです。貴重な時間をたくさん使ったのに、結果として簡単には治らない病気がリターンになったら悲しいと思いませんか。

大切な投資の要素である時間です。無駄にしないために、時間の投資効率を考えることが必要なのです。

そこで、1日の中で自分がどのようなものに時間を投じているのか、一度書き出してみてください。それによって得られる価値や時間そのものだけでなく、通信料や手数料など実際の出費も見えてきます。これも時間を有効に使うきっかけになると思います。

残された活動時間は5500日

時間は投資の要素の中でも、どんな人でも同じように、絶対に取り戻すことができない有限なものです。しかし、時間を有効活用できないという悩みは、多くの人に共通しているのではないでしょうか。

時間を無駄に使ってしまう最大の原因は、時間が限られたものであるという実感がないということだと思います。そこで、自分の時間を測っている物差しを少し変える訓練をしてみましょう。

２０２０年７月に厚生労働省が発表した19年の日本人の平均寿命は、男性が81・41年、女性が87・45年になっています。ちなみに介護を受けたり、寝たきりになったりせずに生活できる健康寿命は、２０１６年の同省による算出で男性72・14歳、女性74・79歳です。

寿命を見るだけだと実感が湧かないので、この平均寿命に日数をかけてみましょう。

すると、男性は約2万9656日、女性は約3万1871日です。**30歳の人の場合、平均寿命までに残された日数は、男性であれば約1万8706日、女性なら約2万921日です。**元気に生活できる健康寿命でも計算してみると、男性は約1万5381日、女性は約1万6348日です。

こうして見てみると、僕たちに残された時間は意外と少ないと感じるのではないでしょうか。

2016年に調査した総務省の「社会生活基本調査」によると、1日の中で仕事に費やす時間は正社員で7時間9分です。1日のうち3分の1弱の時間を仕事に投じているという計算になります。

睡眠時間は、平均すると約7時間30分なので、仕事の時間が約7時間と考えると、合わせて約14時間30分になります。

このデータから考えると、たとえば30歳の人に残された時間は、さらに短くなってしまいます。睡眠時間と仕事時間を抜いて残された時間、健康寿命までは約5500日。いかに時間が貴重であるか、実感できませんか。

なお、通勤時間も合わせて1日の約3分の1の時間を投じている仕事ですが、この状態は非常にリスクが高いと僕は思っています。

なぜかといえば、これはChapter1でも書きましたが、従業員として一つの会社に長い間勤めつづけることは、一つの銘柄にずっと投資し続けているのと同じようなことだからです。

そして、多くの場合は従業員として働いているので、自分で会社経営をしているわけではありません。つまりそれは、どれだけのリスクがあるのかわからないし、そのリスクを避けるためのコントロールもできないということを意味するのです。

お金は取り戻せる可能性がありますが、時間は絶対に取り戻すことはできません。この前提から考えれば、前述のようにリスクの分散、つまり、投じる時間の分散をするのがいいと思います。残された時間の中で、いろんなことを試してみるのです。

自分の時間のポートフォリオを作る

Chapter3で紹介したように、投資は分散をすることで不確実な変動のリスクを減らすことができます。時間の投資も、分散をしながらリスクを減らすことで、自分の夢や成功、収入の向上などを実現できると思います。

総務省の「平成28年社会生活基本調査」によると、日本に住む10歳以上の人について、実際の分類よりやや大まかですが、睡眠や食事など生活に絶対に必要な時間は10時間41分（1日24時間の中の約44%）、仕事や家事などの働く時間は6時間57分（1日24時間の中の約29%）、休養や学習、趣味、スポーツ、ボランティア活動などに費やしている時間は、6時間22分（1日24時間の中の約26%）ということがわかっています。

まずは自分の時間の棚卸しです。1日をどのような時間配分で過ごしているのか、この調査結果を参考にして、①睡眠・食事・身の回りの用事、②仕事など・家事関連、③主に休養・余暇の三つのカテゴリーに分けて書き出してみます（次ページの図表16参照）。

僕は投資ポートフォリオの配分比率を、ローリスク・ローリターンが1～3割、ミドルリスク・ミドルリターンが4～6割、ハイリスク・ハイリターンが2～4割にしています。それぞれの比率は、その人がどれだけのリスクを許容できるかによって違ってき

図表16 1日の生活の中での時間配分

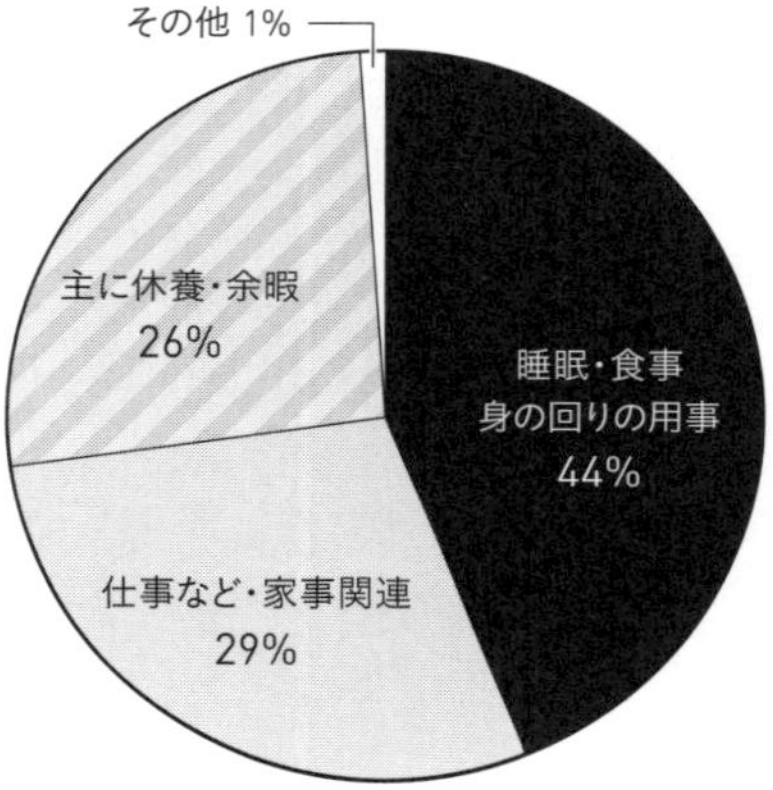

2017年9月15日 総務省 統計局「平成28年社会生活基本調査―生活時間に関する結果―」掲載の「表1 男女, 行動の種類別生活時間（平成28年）週全体」を参考に作成。

ます。

同じように、自己投資の時間でこうしたポートフォリオの配分を考えてみます。睡眠や食事、仕事や家事の時間を投資に充てるのはなかなか難しいでしょう。そこで、休養や余暇に充てている部分を自己投資に使うのです。

まずは、余暇の半分の時間を新しいことに費やすことを考えてみます。たとえば、自己投資に使える時間（休養や余暇の時間）が6時間あったとしたら、その半分の3時間を新しいことを始めるのに使ってみてはどうでしょうか。

最初は自己投資の時間を少なめにし

て様子を見ながら調整していくのもいいでしょう。無理をすると続かないからです。

まずは、自分が許容できる自己投資の時間を設定します。**時間の多様性を増やせば増やすほど、人生のリスクは減ると考えられます。**

たとえば、会社をリストラされたり、不本意な仕事を任されたり、突然の事故や病気で収入が減ったりする大きな変化が起きても、時間の多様性を増やしておけば、いざというときにも選択肢が増えるのです。

しかし、同じことばかりし続けていたら多様性は減り、リスクへの対応が難しくなります。

多様な人との接触が生産性を高める

いつも同じ人と同じ時間に同じことをしていると、同じような時間を過ごす可能性が高くなります。仲の良い人や自分と似た性格の人は、考え方が似ていることも多く、新しい情報は得にくくなります。

家族や友だち、職場の同僚などと話すとき、メンバーが同じであれば、同じような話題について話すことが多いのではないでしょうか。もちろんそれが楽しみや安心感につながるというメリットは否定できないのですが、ときどきそれを変えてみることが重要なのです。

1日1回だけでもかまいません。あまり会話したことのない人や、普段の仕事では出会わない業種の人などと話をする機会を作ってみましょう。

まずは、職場で日ごろ話をする機会のない人に声をかけてみてはどうでしょうか。そして10分話してみる。そんなに引き留められなければ、1分でもかまいません。「たったそれだけで?」と思うかもしれませんが、この日々の1分の会話によって想像力が増し、世界が広がり、新しい意見や考え方を知ることができるのです。これは、僕の実践している時間の効率的な使い方の中で最も簡単な方法です。

また、2020年からのコロナ禍で急速に広まったZoomなどを使ったオンラインイベントや、アメリカ発の音声SNS、Clubhouseで、これまでに接することがなかった、いろんな人と会話や議論ができる機会も増えたのではないでしょうか。僕も日本人のみんなが世界と繋がる方法のビジネス開発も検討しています。

さまざまな人の意見を聞くと、自分が保有しているデータが多様化し、強くなります。それが人生の成功率を上げてくれるのです。

世界最大手のコンサルティングファームであるマッキンゼーのデータによると、働く人に多様性があるほど、業績が業種平均を超える可能性が高くなります。クレディ・スイスも同じような調査をしていますが、多様化が時間の効率化につながることは、多くの調査や研究で証明されています。

世界の成功者が週末にしていること

成功している人ほど忙しいと言われていますが、彼らの多くが週末に何をしているのか。本を読む、家族と一緒に時間を過ごす、フィットネスをする、よく食べてよく眠る。この四つが主な過ごし方だと聞いたことがあります。

共通するのは仕事を週末のプライベートな時間に持ち込んでいないということ。仕事と生活を完全に切り分けることで、バランスがうまく保てるのだと想像しています。

正直に言うと、僕はついつい働きすぎてしまうので、バランスがいいとは言えません。さまざまなことに興味を持っているので、あれこれと考えが回りすぎてとまらなくなってしまいます。そして、これが続くと身体が追いつかなくなり、疲れてしまいます。長時間働くと作業効率が落ちることは、誰より、僕自身が痛感しています。

自戒を込めて言いますが、そうならないように仕事モードのリセットは意識的に行うのがいいでしょう。そうは言っても、つい働きすぎてしまうという人は、自分のスケジュール帳に休みや遊びの予定も記入して、予定した通りに休んだり遊んだりしてみてください。

Googleにスケジュールを管理させる

限られた時間の中で、効率的に日々を過ごす。そのために僕は自分の予定やto doをすべてGoogleカレンダーに記入して調整しています。**ポイントは仕事もプライベートも全てこのツールで一元管理していること。**この方法は、僕のこれまでの人生で最も忙しかったヘッジファンド時代から習慣にしているものです。

次ページに、僕の1週間のGoogleカレンダーの記入例をご紹介します（図表17）。実際のスケジュールとは異なりますが、こういう形で自分の時間を見える化しています。

投資の予定は定期的に決めていて、その内容によって、毎月1~5回、同じ日にリマインダーをするようにしています。毎日のルーティンは、帯で入れておいて、他に予定が入ってしまったら、極力同じ日の中で、時間を移動させて確保しておきます。投資以外の予定は、できる限りにおいて3週間先まで記入し、突発的なこと以外、予定の変更は1週間前までを心がけています。

そして、毎日、朝起きたらGoogleカレンダーを起ち上げて、今日の予定を確認します。新聞やニュースを読む時間、YouTubeの収録をする時間、ジムの時間、食事の時間、友人に会う時間、家族とインターネットでコミュニケーションを取る時間など、その日にやることをチェックして、さらに細かい追加の用事や変更点、たとえば銀行や郵便局に行く、体調が優れなければジムを休む、といった予定を記入しています。

予定は、30分~1時間で区切って決めていますが、予期しない出来事や時間の延長などに対応できるよう空白部分を作り、ある程度フレキシブルにしておきます。ただ、延長する場合には、それが本当に必要かどうか、その都度考えます。なんとなく延びてし

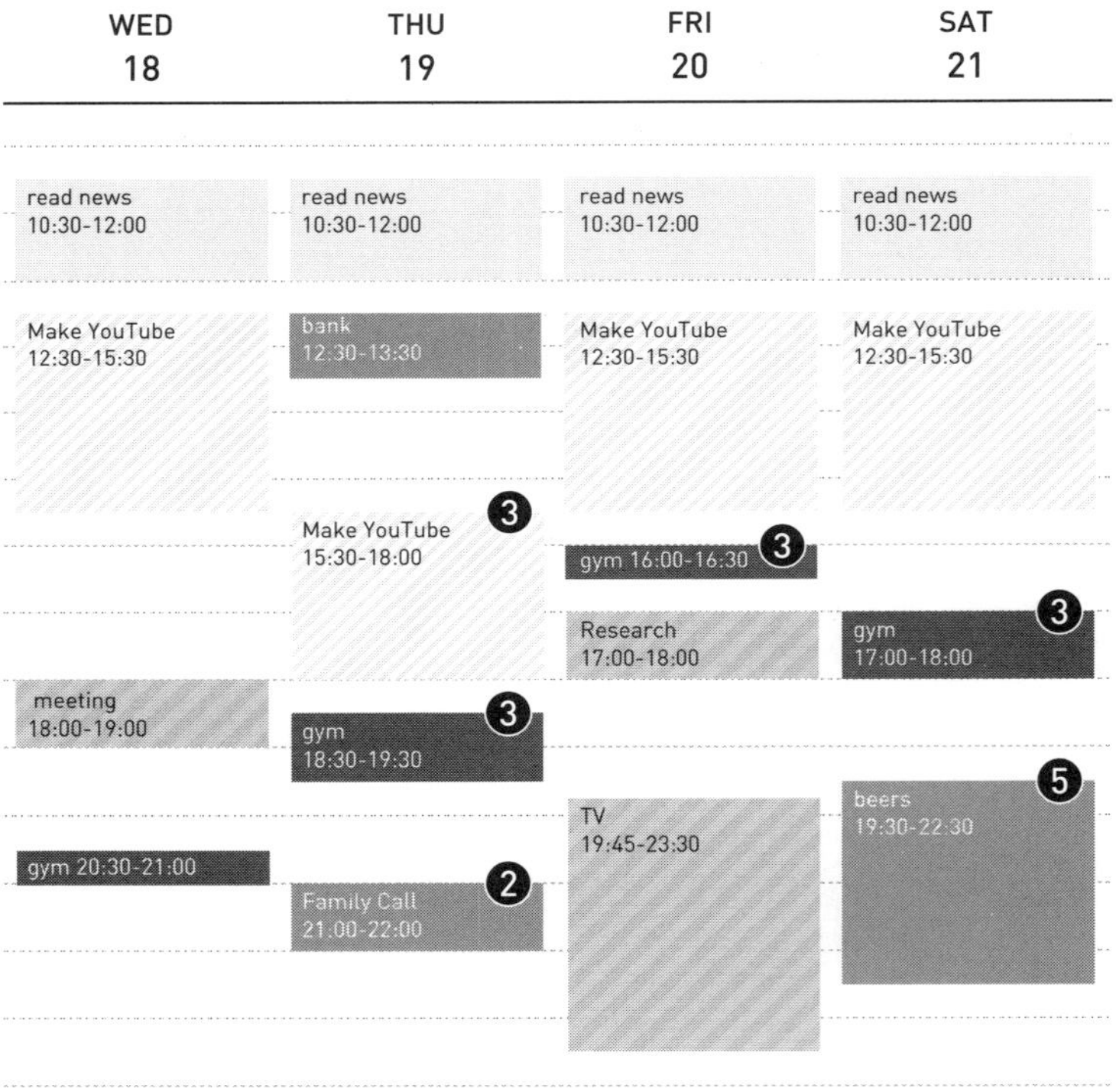

❹ 延長の可能性のある仕事の後は、最大の延長幅を自分で決めておいて、空けておく。それ以上長引く場合は別の日に再設定が原則。

❺ プライベートと仕事を同じカレンダー上に記入する。

❻ 別の予定の時間内のどこかですべき作業も、忘れないように仮で時間を決めて記入しておく。

図表17 著者のGoogleカレンダーのスケジュール例

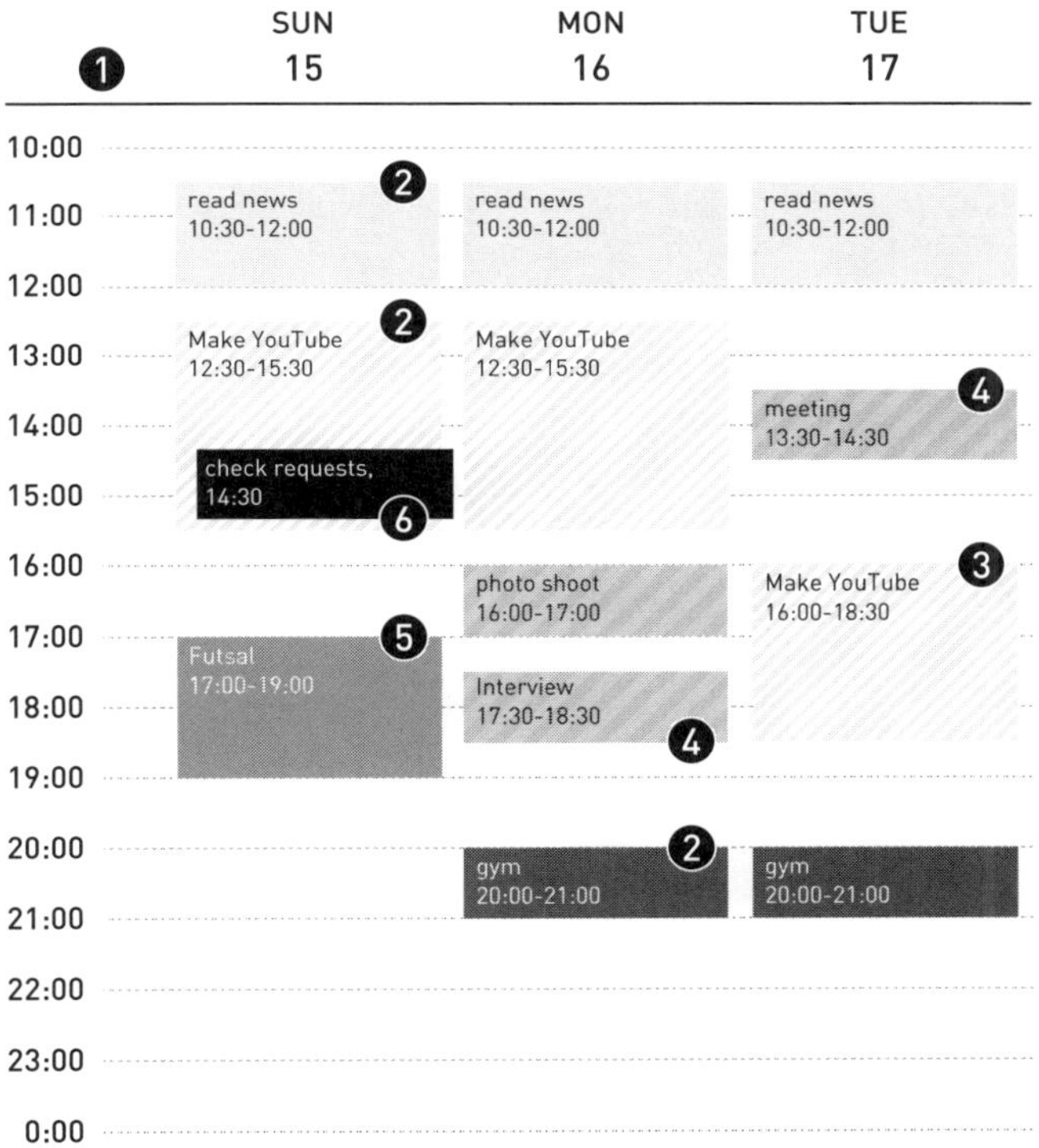

〈スケジューリングのポイント〉

❶ バーチカル形式のカレンダーで、1週間全体の日毎の時間配分を一目で把握できる。プライベートと仕事など色分けすると気持ちの切り替えもしやすい。

❷ 毎日、毎週、毎月のルーティンは、同じ時間に先に入れておく。

❸ 毎日継続したい／すべきルーティンは、他の予定が入ったら、すぐに同日の別の時間を確保して記入する。

まったとか、終了時刻を失念していた、時計を見ていなかった、などということは無いように心がけています。

もちろん、家族や友人との楽しいひとときが、うっかり延びてしまうことはありますし、それはそれで僕の人生を豊かにしてくれることなので、大切にしています。

毎日寝る前の1時間はゆったりするようにしていますが、その前に翌日の予定を確認して、流れを把握しておきます。

長期的に見れば、すべきことはたくさんあるのですが、こうしてスケジューリングをすることで、目の前のタスクに集中できます。

また、事前にやることをすべて列挙しておけば、不測の事態が発生した時も、ある程度対応できます。これはリスクをコントロールする、つまり、突発的な出来事から生じる影響を最小限にすることができる方法です。この予防策はメンタルにとっても大切なことなのです。

言うまでもないことですが、人間はコンピューターでもロボットでもありません。僕もそうです。ここでは、あくまでわかりやすいように一例としてお話ししていますが、ご自分なりに無理のないスケジュールを立ててみてください。

厳しい計画に囚われ管理され、新たなストレスを作ってしまっては本末転倒です。

なんとなく、仕事の忙しさや他人の都合などに流されてしまって、「自分の時間」だと思えない日々を送っている人も少なくないと思います。そんなときは、気持ちよく効率的な生活が送れるよう、生活を見直してみることが大切です。

なお、繰り返しますが、スケジュールは不測の事態や変更に対応できるよう緩やかなものにしておいて、楽しみや休養の時間もお忘れなく。

Chapter

8

「健康」こそ最も重要な〝投資対象〟である

Health Management

心と身体の状態が健康だから正しい判断ができる

ほんの少し、いつもより睡眠時間が短いだけでも、朝起きたときの身体の感覚が違うのがわかる、ということは、前にもお話ししました。長年、自分の身体の小さな変化に耳を傾けてきたので、感覚が鋭くなっているのだと思っています。

なぜ僕がそこまで身体の状態に意識を向けているのか。それには、二つの理由があります。

一つは、心と身体はつながっていることを実感しているからです。決断や判断をするときには、合理的な思考で考える理性だけでなく、感情の状態も大きな影響を与えます。心が健康でなければ、重大な判断をするときに大きなミスをしてしまうおそれがあります。

心は身体の状態と相関関係にある。これが僕の考えです。それゆえに身体の状態を常に自分で感じ取りながら、よりよい状態に持っていくことを意識しているのです。

もう一つは、投資のリスクコントロールのためです。投資をして、確実にその価値を得るためには、リスクをコントロールしていかねばなりません。その際、健康が持続できていれば、将来に得られる価値を正しく予測することができます。

しかし、健康に不安を感じていれば、将来の価値がどのようなものになるのか予測が難しくなります。すなわち、リスクが高い状態になるということです。

自分の身体の状態を把握し、管理できていることは、どんなことをするにもまず基本になると僕は考えます。最後の章では、健康のリスクコントロールについてお話ししていきます。

自分の身体の状態を自分にきく

世の中には健康に関する情報があふれています。○○のサプリメントを飲んだら、健康によいとか、○○という運動を取り入れたら劇的に痩せたなど、効果の真偽は別として次々と新しい情報が出てきます。

だからこそ、僕たちにとって最も重要なのは、情報に惑わされることなく今現在の自分の身体の状況をチェックすることです。

後で詳しくお話ししますが、僕はいつも自分の身体の状態を100点満点のうち何点なのか、自分なりに点数化しています。点数を高く維持しつづけるために、重視しているのはエクササイズ。毎日、たとえ10分でもいいので、ジムに出かけ、ウェイトリフティングやランニングなどをしています。

日々のメニューは自分の身体の状況によりけり。最高の状態であれば、より負荷をかけるものに、万全でなければ、無理をしないようにという具合です。

また、自分の身体の中で鍛え方が足りないところや集中的にケアしたいところがどこかを常に意識しています。毎日自分の身体に注意を向けていれば、そこに気づくことができるでしょう。

ジムから30秒の自宅に住む理由

もともと、僕は健康に強い関心を持っていたわけではないのですが、今ではすっかり興味が増して、こうしていろいろ実践しています。

少年時代から運動をしていたため、体づくりのトレーニングは続けていたのですが、僕が本格的にトレーニングに目覚めたのは、ウォール街に入った時でした。

毎日、過酷な精神的ストレスを抱えていたのですが、ジムでトレーニングをして自分に負荷をかけると、すっきりした気持ちになれたのです。そこからジムに継続的に通うようになりました。

ジムへの通い方は、試行錯誤のうえ、自分のペースをつかみました。当時は週に3回で、1回あたりまとめて3時間といったペースでした。しかし、しばらくやってみると、これが僕の生活の中では、ややハードだったので、継続することを一番の目的にして続けられる時間を考え、1日20分程度を目安になるべく毎日行くようにしました。

僕の感覚としては、一気に体に負荷をかけると免疫力が下がってしまうように思います。少しずつ負荷をかけることで、健康を維持できています。

今は、ジムからわずか30秒の場所に自宅があります。家を探すときに最も重視した条件だと言っても過言ではありません。なぜなら、「毎日20分ジムに行く」という自分との約束を守れないとイライラする性格だからです。**物理的な距離を縮めることで、継続しやすくなりました。**

「納豆＋味噌」が僕にとって最強の食べもの

ジム通いが習慣化する以前は、身体にあまりいい影響を及ぼさないと僕が考えているもの、たとえばファストフードや肉を食べたければ食べていました。でも、せっかくジムで努力しているのに、それでは帳消しになってしまうと思い、食事にも気をつけるようになったのです。現在の食生活は、ほぼ野菜中心です。

YouTubeを見てくださっている方はご存知だと思いますが、僕の一番の好物は納豆です。身体にとてもいい効果があると聞いて、10歳でアメリカに渡ってからも、ずっと食べ続けてきました。アメリカでも、納豆はアジア系食品店や通信販売で手に入ります。

納豆は納豆菌による整腸作用や免疫力アップといった効果が特に知られています。原材料は大豆ですが、大豆の栄養素をそのまま受け継いでいるわけではありません。大豆と納豆菌が一緒になって、発酵する過程でポリアミンという健康成分が増えたり、ビタミンK2、ナットウキナーゼといったビタミンや酵素が生み出されたりしています。さらに、納豆菌そのものに免疫力を高める機能があることがわかっています。

近年では脳腸相関といって、脳と腸が互いに作用し合っているということがわかってきたそうです。たとえば、うつ病や自閉症スペクトラム障害の人の腸内フローラを善玉菌の多い人の腸内フローラと交換した結果、症状が改善したという研究もあるのです。

こういった効能を聞いて、僕が納豆を食べ続ける理由の一つに、腸内環境を常に整えるということが加わりました。ますます納豆に魅了されています。

なお、母の話によると、日本生まれの僕には、離乳食から積極的にひきわり納豆を食べさせていたそうで、すでに下地はできていたようです。

さて、みなさんは納豆をどのように食べますか。僕は納豆の銘柄にこだわりはありませんが、どれを買っても、付属のタレは使いません。多くのタレには、フルクトース（果糖ブドウ糖液）が含まれていて、これは糖質の塊なので、摂取を避けたいのです。

僕の味付けは、もっぱら味噌です。塩味を付け加えることになるだけでなく、大豆の発酵食品同士を組み合わせることにより、さらなる免疫力アップを狙っているのです。

そして、納豆をのせるのは白米ではなく大豆や雑穀を混ぜた玄米です。糖質を摂り過ぎない工夫が健康維持のポイントだと考えています。

と言っても、もちろん、友人とビールを楽しむこともあります。おいしそうなお菓子をいただいたら、甘いものを食べることもあります。

あまりに自分を管理しすぎると、ストレスになり、かえって心身にとって良くないということも忘れないでください。

植物性オイルを日常的に摂る

納豆に加えて、僕がいつも摂り入れているのが植物性オイルです。植物性オイルは脳力のバランスを整え、感情にコントロールされない冷静な脳をつくり上げることができると言われています。

脳の構成は、35%がタンパク質とその他の物質でできており、残りの65%は脂質で、その中でも重要なのがリン脂質です。その脂質にとって良いと言われているのが植物性オイルなのです。認知症の一つであるアルツハイマー病の人は脳の脂質が非常に低い状態であることが明らかにされています。そのため、脂質を積極的に取る必要があると僕は考えています。

植物性オイルには、オリーブオイル、マカダミアナッツオイル、ココナッツオイル、アボカドオイルなどさまざまな種類がありますが、僕はアボカドオイルが気に入っています。味にクセがなく、香りも軽いので、そのまま飲むこともできますし、料理にも取り入れやすいです。肌や髪のケアにも使う人も多いそうです。**僕は毎朝、納豆を食べていますが、その納豆にたくさん植物性のオイルをかけています。**

若さを維持し続ける食事術

人間の細胞が分裂できる回数には上限があると言われています。その上限に達すると寿命が来て、死を迎えると考えられているのです。しかし、寿命を伸ばして、年をとっても健康を維持し続けている人は存在していて、こうした長寿の人たちの行動習慣や生活習慣は、世界各国のさまざまな機関で研究が進んでいます。

お薦めの本のところでもお話ししましたが、僕も長寿について興味があって、長生きをする人が多い地域に赴き、その食生活を学びました。そこで僕が到達した方法が、前述したように野菜中心の食事です。

長生きをする人の特徴の一つとして、糖尿病を患っていないということがあります。遺伝的な要因もあるようですが、糖尿病は血糖値が上がりやすい食事、つまり、糖質中心の食習慣で罹患しやすくなる病気です。糖質中心の食事を続けていると、空腹時に血糖値が急激に下がりやすくなります。これが問題なのです。

怒りや憎しみ、焦燥感といったネガティブな感情は大脳辺縁系という人間の行動を司っている場所から生まれると考えられています。内臓の副腎からアドレナリンというホルモンが分泌されると、大脳辺縁系が刺激されて、怒りや敵意、憎しみ、焦燥感などの感情的な興奮が引き起こされるということがわかっています。

このアドレナリンは、血糖値が急激に下がって、低い数値で止まっている低血糖の状態で多く分泌されると言われています。糖質に偏った食習慣で、食べるたびに血糖値が急上昇する状態が繰り返されると、血糖値を下げようとして、インスリンというホルモンが過剰に分泌されやすくなります。インスリンは血糖値を調節する働きがありますが、過剰に分泌されると血糖値の急降下を引き起こします。その結果、低血糖状態となり、アドレナリンが分泌されるという悪循環が起こるのです。

ちなみに、カフェインも副腎を刺激して疲弊させるので、血糖値をコントロールしにくくする物質です。コーヒーの飲み過ぎも問題がありそうです。

また感情的な興奮を抑えるセロトニンというホルモンがありますが、タンパク質やナイアシン、マグネシウム、ビタミンB_6などの栄養素が不足すると、このホルモンが出にくくなります。こうした栄養素は、野菜類や魚介類に多く含まれるので、意識的に食べることで、感情がコントロールしやすくなることが期待されます。

こうした知見が、僕が主に野菜を食べることにしている理由なのです。

おススメ野菜はブロッコリー

野菜の中でも特に僕がよく食べるのは、ブロッコリーです。**ブロッコリーには脳に良**

い影響をもたらす成分がたくさん含まれているそうなのですが、その中でも脳細胞の修復に影響を与えるものがあると考えられています。

ブロッコリーの成分の中でスルフォラファンという成分があります。

人の身体は、食品や空気中などに微量に含まれる「有害物質」や、呼吸によって体内に取り込まれた酸素の一部が変化することで発生する「活性酸素」によって日々ダメージを受けています。これらのダメージは老化の進行を早め、さまざまな体の不調を引き起こします。

一方で人の体には、有害物質を無毒化して体外に排出する「解毒力」や、活性酸素を消去する「抗酸化力」が備わっていて、それらの力で細胞がダメージを受けるのを防いでいます。

スルフォラファンには、解毒や抗酸化で重要な働きをする「酵素」の生成を促す作用があります。そのため、スルフォラファンを摂取することで体の解毒力や抗酸化力を高めることができます。スルフォラファンによって生成が促される酵素は100種類以上あり、それらは「解毒酵素」と「抗酸化酵素」と呼ばれ、体内のあらゆる臓器で活躍しています。

また、果物が好きな方は、ぜひベリー系を選んでください。イチゴやブルーベリー、ラズベリーなど、旬の季節はおいしいし栄養的にも優れているので望ましいのですが、季節でなくても、冷凍で売っているので購入しやすいです。

ベリー系の果物の最も良いところは抗酸化作用が非常に高いと言われていること。小さくて手軽に食べられるので、ぜひお試しください。

おいしくて身体に良い食材や食べ方を探してみるのも、自分の身体に意識を向けるきっかけとなるかもしれません。

食べ物には好き嫌いもあるし、アレルギーなど体質上の問題もあるでしょう。その季節やその地域で手に入れ難い食材もあるかもしれません。僕にとって納豆や植物性オイル、ブロッコリーなどはスーパーフードで、お勧めですが、他にもいろいろ身体に良いとされるものはあるかと思います。

また、エネルギーが必要なときはダークチョコレート、風邪気味のときは温かいうどんといったような、自分なりのお助けメニューを探しておくのもいいかもしれません。

ポパイにとってのほうれん草のようなもので、これを食べればもう大丈夫というような安心感とパワーを与えてくれるものです。

身体の声によく耳を傾けていれば、どんな食べ物が自分の身体に合うのか、わかってくるのではないかと思います。

睡眠が1時間減るごとにマイナス10点

日々の変化を把握しやすいように、毎朝僕は自分の身体の状態を自己流で点数化していますが、明確な採点方法があるわけではないので、自分のやりやすい方法で試してみてください。

ただ、自分の状態を把握するとき、まずに気になるのは、自分の身体の弱点ではないかと思います。調子が悪いとき、一番に影響が出る部分です。そこをバロメーターとして意識するのは、一つの方法です。

僕の場合は喉です。免疫力が落ちていると感じると、最初に、喉の調子が悪くなるのです。頭痛が生じる人、腰痛になる人、胃腸がおかしくなる人など、さまざまだと思います。そうした「いつものSOS症状」があらわれたら、マイナス50点にするなどで点数を決めておくとよいかもしれません。

自己採点時に考えるもう一つの大切な要素は睡眠時間です。僕は8時間を心がけています。**睡眠時間は身体にダイレクトに影響を与えるので、1時間減るごとにマイナス10点ずつ減点をしていきます。**このようにして、毎朝自分の体調を管理しています。

「睡眠負債」という言葉を知っていますか。睡眠不足が何日も重なり、数日から数週間の単位で睡眠不足が慢性化した状態になると、「睡眠負債を負っている状態」というそうです。

OECD先進国の中で日本は27カ国中、圧倒的に睡眠負債をもっている国として知られています。日本の平均睡眠時間は7時間22分ですが、26カ国の平均睡眠時間は8時間25分です。日本は先進国の中でも睡眠負債大国ともいえるでしょう。

みなさんも実感があるかもしれませんが、睡眠不足は身体を不健康な状態にする原因でもあるのです。2005年にアメリカで約3000人の男女を対象にした調査では、1日の睡眠時間が5時間以下および6時間以下しか眠っていない人は、7〜8時間眠っている人に比べるとBMI（Body Mass Index。ボディマス指数。体重と身長から算出される肥満度を表す体格指数）が高いことがわかっています。

大人の場合では1時間睡眠が短くなるとBMIが0・35上がるという数値が出ています。BMIの0・35は身長170㎝の人の場合、だいたい1kgに相当します。睡眠不足が続くと肥満傾向が高まってしまうのです（Singh M; Drake CL; Roehrs T et al. The Association between obesity and short sleep duration: a population-based study. J Clin Sleep Med 2005;1(4):357-363.）。

それだけではありません。睡眠不足が続くと脳にも大きな影響を与えることがわかっています。人間が眠らないとどうなるのかを実験した1964年の実験結果はよく知られています。11日間睡眠を取らないことで、4日目には幻覚が見え、記憶が欠落するようになりました。

また、明らかに集中力が下がっていることもわかりました。さらに1週間連続で睡眠を断つと、ろれつが回らなくなり、記憶や言語に関する能力が低下することがわかったのです。これは、脳がごく短時間の時間で睡眠をとるマイクロスリープという現象が起きているとされています。長時間の睡眠不足は脳に多大な影響を与えるのです。徹夜や夜勤も、脳のパフォーマンスを大きく下げる原因になります。睡眠時間を削れば削るほど、その削った時間に応じて、ミスが増加して判断力が下がるということが実験などで明らかになっています。

自分の1日のリズムを知る

何時間寝ても眠いとき、その原因としては、睡眠負債以外にも体内時計が通常の時間とズレた生活をしているという問題が考えられます。

体内時計とはその人の1日の生体リズムのことです。厚生労働省の「e－ヘルスネット」によると、生物は地球の自転による24時間周期（25時間周期という説もありますが、ここでは24時間で説明していきます）の昼夜変化に同調して、ほぼ1日の周期で体内環境を積極的に変化させる機能を持っており、人間も体温やホルモン分泌など身体の基本的な機能は約24時間周期のリズム（概日リズム＝サーカディアンリズム）を示します。この「概日リズムを形成するための24時間周期のリズム信号を発振する機構」が体内時計（生物時計）と呼ばれています。

体内時計は、身体の中のさまざまな生体リズムを調節していて、血圧や血糖値の日内変動やホルモンの分泌、臓器の動きなどにかかわっています。光の強さが影響していて、日中は体内時計が早まって心身が活動状態に、夜はスピードが落ちて休息状態になるため、夜になると身体が睡眠に入ろうとするのです。

一般的には午前中に活動のピークがやってきて、午後にかけて急激に落ち込み、夕方にかけて再び上昇すると言われています。

この三つのパターンは誰もが経験するものですが、体内時計のパターンは人によって微妙に異なります。

ドイツのミュンヘン大学の研究者であるティル・レンネベルクらの研究チームは、2006年に世界中の人の睡眠時間帯について調査を行ないその成果を発表しています。20万人以上を超えるデータから解析しました。

この研究を参考にして、アメリカの作家ダニエル・ピンクが著書『When――完璧なタイミングを科学する』（勝間和代訳　講談社　2018年）で、概日リズムの個人的パターン「クロノタイプ」の3型を説明しています。全体の14%が1日の始まりが早い朝型

（ヒバリ型）、朝起きるのが苦手な夜型（フクロウ型）、さらに、全体の65％と大半を占める「第3の鳥型」は他の二つの型の間に位置します。

さらに、レンネベルクの調査からは、体内時間は日の出と日の入によってある程度、影響を受けるということ、調査した対象地域の東に行けばいくほど、朝型が多く、西に行けばいくほど夜型が多いということも示されました。

同じくレンネベルクらが見つけたのが、「ソーシャル・ジェットラグ（社会的時差ボケ）」という状態です。これは、社会的な活動に対応した睡眠をとらざるを得ない平日と、自分の身体の調子で自由に睡眠がとれる休日で、睡眠のリズムに差ができてしまうことを言います。

このソーシャル・ジェットラグの影響の大きいところは土日寝だめしたり、起きる時間が変わったりしただけでも、日中の疲れやすさが翌週後半まで続いてしまうということなのです。

また、ソーシャル・ジェットラグの時間が長くなれば、長くなるほど体脂肪が多く、メタボ率が高いということもわかっています。

ソーシャル・ジェットラグは、夜型に多いと言われています。生活を夜型から朝型に変えることも健康を維持するためには大切なことなのです。

自分の身体の状態をパーフェクトだと感じるときを100点満点として、その日の状態を数値化した後は、自分の体調と照らし合わせて、今日やらなくてはいけないことの調整を行います。

まず、その日のスケジュールを確認します。もちろん、やらねばならないことすべてにおいて全力を出すことは重要ですが、その日の体調を考えながら、これはパワーを入れて取り組む、一方でこれは70％ぐらいのパワーで作業をこなしていくなど、力の配分を決めていきます。

このような段取りを朝行っておくと、すべてを全力でやろうとした結果、途中で疲れてできなくなったとか、早い時間にした仕事は精度が高いけれど、夜に近づくほど雑になったというような、自分の意思とは違う「仕事のムラ」が少なくなります。

コンディションを維持するための三つの行動

身体をいい状態に保つために、僕が実践している基本の習慣が三つあります。

第1に身体を冷やさないことです。ウォール街で働いていたときは、どこのオフィスも寒いと感じるぐらい室温が低く設定されていました。身体を冷やすと脳に血液が集まり、集中力が上がるからと言われています。ウォール街の人たちは、体験的にそれを知っているので、オフィスの温度がとても低かったのです。

しかし、身体が冷えた状態が続くと、全身の血行が悪くなります。すると、細胞の働きも悪くなって免疫力も下がると考えられます。抵抗力が弱くなると、ほんの少し仕事が忙しくなっただけで身体に大きな負担が来るのは、みなさんも実感があるのではないでしょうか。

こうした状況を避けるためにも、身体は温めることが必要です。僕も身体を冷やさないようにすることを意識し始めてから、調子がとてもよくなりました。

体調と体温は強く関係していることを、僕は自分の身体で感じてきたので、朝起きて体調が万全でないときには熱いシャワーを2分間浴びることにしています。

第2には、体調が悪いときには、激しい音楽を大音量で聴かないようにしています。クラシック音楽は聴く前と後とでは、ストレスが大幅に減るということも明らかにされていますが、ヘビーメタルの曲を大音量で聴いて、ストレス発散をする人も少なくないのではないでしょうか。

僕もヘビーメタルが大好きでよく聴きますが、体調がよくないときには余計疲れてしまうので控えています。一時的にすっきりするのですが、刺激が強いために頭は疲れてしまっているようです。激しい音楽＋大音量でストレス発散をしている方は、聴き終えたあとの自分の状態を一度確認してみてください。

第3は、健康法というよりは、心の持ちようですが、失敗を恐れないことです。いろいろな国を旅してきて感じるのが、日本の社会は一度失敗をするとやり直しがしづらいということです。失敗を恐れていると、皆と同じ方向に進んでしまいがちです。しかし、それが自分に合っていることかどうかはわからないのです。

自分に合っていない方向に進んでしまった場合、大きなストレスになりますし、それが原因で病を引き寄せることもあります。失敗を恐れずに、周囲と必要以上に同調することなく、自分の得意な方向に進むことが大切です。

僕は昔から決断が早く、すぐに実践することが好きでした。そこで最初はトレーダーの道を選びました。一方で、みんなで長い時間をかけて一緒に積み上げていくプロジェクトに参加するのは、あまり得意とは言えません。

このように自分の得意なこと・好きなことと、あまり向いていないことを把握して意識してきたからこそ、自分の強みを生かした道を歩んでくることができたのだと思っています。

自分がやりたい夢を実現するチャンスを増やす。そのために健康寿命をなるべく長くするように努力する。

どんな自己投資も、目指すところは、自分がかなえたい、到達したい目標があってこそ続けられるのです。

エピローグ

「祖国日本」のために僕が考えていること

2021年3月現在、僕のYouTubeチャンネル「Dan Takahashi 高橋ダン－日本語チャンネル」(https://www.youtube.com/c/ダン高橋DanTakahashi)はスタートデートからおよそ250万人の方々が見てくださっていて、日々、たくさんのご意見やご感想をいただきます。YouTubeをきっかけに、人間関係も広がって、昨年から僕らを悩ませ続けているコロナ禍にあっても、僕は多くの方々とつながっている実感を持てていることに感謝しています。

そして、この本を通じて、みなさんと出会えたことを、とてもうれしく思います。

2021年の初めに、YouTubeを通じて、僕は将来の夢をお話ししました。

投資家というと、お金を稼ぐことへの関心が一番高いのだろう、目標は大金持ちなのだろうという印象を持たれがちなのですが、実は僕の視線は、その先を向いています。世界の国々を旅していて気づいたのは、お金をたくさん稼いだり持っていたりするだけでは足りないということです。それが僕の人生の目標にはなり得ないとわかってきました。旅先でさまざまな人たちの暮らしを見て、また、昔の遺跡を訪れ、歴史に名を残す偉人の足跡を辿って、自分のこれまでの生き方に疑問を持つようになったのです。

日々の食事すらままならない人、劣悪な衛生環境で暮らさざるをえない人、教育を受けられない人、過酷な労働を強いられている人、仕事すらない人、家のない人……。さまざまな国を旅していると、苦しい生活をしている人々にも出会います。

自分は、たまたま恵まれたところに生まれ、恵まれた環境で大人になった。それだけのことだと、つくづく思うようになりました。

すると、自分のプライドのためだけに生きることに物足りなさや、違和感を持ちはじめます。

これからは自分自身のためだけでなく、自分以外の人たちにとっても、自分の生涯が終わった後の世界を生きていく人たちにとっても、意味のある生き方がしたい。

むろん自分の力は小さいものだし、また、名声を目指すわけでもない。でも、これまでに得てきた知識や経験をもって、少しでも社会に貢献したい、お返しをしたい。

僕の将来の目標の一つは、いつの日か日本に超一流の教育機関をつくるということです。お金はその手段でしかありません。

もちろん、今の日本にもいい大学はたくさんあります。ただ、僕が目指すのは、世界的な競争力のある大学です。そういう大学をつくると、海外から野心的な高度人材が集まってくるでしょう。そういう人材が集まれば、国の経済力を高めてくれるはずです。

繰り返しになりますが、25年間もGDPが成長していない先進国は日本だけなのです。しかし危機意識が低くて、まだ大丈夫だとか他国のせいだとか言って、これ以上ごまかしつづけていては、本当に取り返しがつかなくなる、と僕は思うのです。

根拠のない安心感を伴う停滞がつづけば、人のマインドセットも変わるはずがありません。ですから、僕はこの本によって、みなさんのマインドセットが少しでも変わってくれたら、と思うのです。

ひとりの変化なんて大した影響がないと思うかもしれませんが、その考え方は今日から捨ててください。一人ひとりの気持ちや考え方が変わっていけば、その周りの人も影響されて変わる。それがさらに大きなムーブメントになって、もっと広いコミュニティ全体を変えることにもつながるのです。

小さなパワーかもしれませんが、僕もそのために何かしたい。他人任せにだけはしたくない。みなさんと一緒に、この国を本当に元気で、真に安心なところにしていきたい。そのために、僕は100%の努力をしたいと思っています。

本書の出版にあたり、執筆にご協力くださったライターの宇治川裕さん、朝日新聞出版の森鈴香さんに大変お世話になりました。作業が遅れてしまったお詫びとともに、ここにお礼を申し上げます。ありがとうございました。

最後まで読んでくださったみなさん、また、YouTubeをフォローしてくださっているみなさんにも、心からありがとうを言わせてください。みなさんの存在が僕の活力の源です。

そして、僕を育て導いてくれた父母、家族、家族同様に僕を支えてくださるAご夫妻、さらに、さまざまな局面でご指導くださり、影響を与えてくださった多くの方々に、深い感謝を捧げます。

2021年3月　高橋ダン

高橋ダン（たかはし・だん）

1985年、東京生まれ。日本国籍。10歳までは多くの時間、日本で過ごし、その後アメリカへ。投資を始めたのは、12歳。21歳でコーネル大学を卒業。

ニューヨーク市のウォール街で19歳のときからインターンとして働き始め、大学卒業後、投資銀行に就職。26歳でヘッジファンド会社を共同設立し、30歳で自身の会社の株を売却。その後、新たなビジネスチャンスを求めてシンガポールに移住。世界各国を旅し、2019年秋に東京に帰国する。2020年1月にYouTubeでの動画投稿を本格始動し、わずか3カ月でチャンネル登録者数が10万を超える。高橋ダンYouTubeチャンネル登録者数は39.9万人。Dan Takahashi YouTube英語チャンネル登録者数は10.8万人（2021年3月現在）。

現在はインドネシアでの金属鉱山、ベトナムでの不動産投資、シンガポールでの希土類金属取引、オーストラリアでの生分解性の環境に優しいバッグ、日本のフィンテック住宅ローン事業など、いくつかの新しいビジネスを展開。また、投資での活躍が評価され、「THE TOP 100 MAGAZINE」に掲載。テレビ出演や雑誌記事に登場するなどメディアでも活躍。著書に『世界のお金持ちが実践するお金の増やし方』（かんき出版）、『僕がウォール街で学んだ勝利の投資術──億り人へのパスポート渡します』（KADOKAWA）、『新・冒険投資家 高橋ダンの世界新発見！──人生が劇的に変わる「旅」の極意』（扶桑社）、『超カリスマ投資系YouTuberが教えるゴールド投資──リスクを冒さずお金持ちになれる方法』（ダイヤモンド社）がある。本書は初の自己啓発書。納豆とカラオケと筋トレが大好き。

公式ウェブサイト https://takahashidan.com/　　公式Twitter @Dan_Takahashi_

ウォールストリート流《りゅう》
自分《じぶん》を最大限《さいだいげん》「運用《うんよう》」する方法《ほうほう》

2021年4月30日　第1刷発行

著者　高橋ダン
発行者　三宮博信
発行所　朝日新聞出版
〒104-8011　東京都中央区築地5-3-2
電話　03-5541-8814（編集）
03-5540-7793（販売）
印刷所　大日本印刷株式会社

ISBN 978-4-02-331923-3
定価はカバーに表示してあります。